不動産オーナーのための

成功する不動産相続の全技術

監修 豊田剛士 相続対策コンサルタント協会 代表

著 12人の相続対策コンサルタント

田口誠一郎 野田大地 谷口直弥 森本康文
井上泰寿 橋本大輔 加瀬義明 植崎紳矢
井上洋和 弓崎大樹 岡本大成 南 浩己

合同フォレスト

はじめに

本書を手に取っていただき、ありがとうございます。

２０１５年に相続税を計算する基礎控除が改正されました。２０１８年には、相続法の改正により配偶者居住権が創設され、２０２４年には生前贈与の改正が行われます。大きな法改正がある度に相続への関心が高まっています。

その中で、遺す家族を想って相続対策を行ったつもりが、相続対策をうたう悪質な勧誘に引っかかってしまったり、考えた末、良策に思えた方法が、俯瞰してみると問題のある対策だったりするといったケースが増えています。

相続対策には、やり方やコツ、ポイントがあり、これらを押さえずに進めていくと、間違った結果に至ってしまうことになります。

本書は、相続対策をこれから行う、またはすでに行っている不動産所有者に向けて執筆しました。不動産オーナーである被相続人やその相続人に向けて、相続対策の基礎知識や対策、さまざまな事例から学ぶべきことなどをお伝えしています。

代々引き継いできた土地を守りたい、築きあげた財産を少しでも遺したい、無駄な税金を払いたくない、大切な家族を守りたい、遺産の分割争いを防ぎたい、と想う不動産オーナーにとっては相続対策を行ううえで必要になる知識です。


本書の執筆にあたり、相続対策コンサルタント協会の認定資格、相続対策コンサルタントを取得した12人の著者が集まりました。このメンバーは、不動産相続に関する知識や手続きの専門家であると同時に、実践的な相続対策を行える実務家です。

この本では、12人各自の得意分野の商品やサービスを押し売りするのではなく、遺産分割での争いをいかに防ぐか、相続税支払い後の財産をどうやって遺すか、という顧客本位の相続対策を実現するための基本やノウハウなどを各人で連携しながらお伝えします。また、相続に失敗した事例や、対策を講じたことによる成功事例なども掲載しました。

本書の内容を、相続対策の参考にしていただいたり、対策を提案し実行できる専門家を探すときの判断基準にするなど、あなたの理想の相続対策を実現するための参考書としてご活用ください。

相続とは、財産に関する一切の権利と義務を承継する行為です。そのため、相続対策では、手続きだけでなく、「被相続人が築き上げた財産をいかに残すか」という視点が必須になります。財産を残すという視点においては、資産形成の要素も必要です。相続の手続きに加えて、資産形成についても考えることになるため、難しく感じる部分があるかもしれません。

しかし、全てを自分で覚えて一人で実行するよりも、本書を引き出しとして利用し、専門家と一緒に相続を進めるための判断基準や物差しにするイメージで読み進めていただくと、実務において良好な結果が得やすくなります。

一般的に、相続対策だと言われていることが、実は資産を食い潰しているだけであったり、事態を悪化させているだけの場合もあります。そのようなことにならず、本書が、相続対策の本質を捉え、叶えたい想いを実現するための一助になれば幸いです。

相続対策コンサルタント協会 代表　豊田剛士

もくじ

第2章

はじめの一歩を踏み出すための相続の基礎知識

第3章

相続で資産を残すために知っておきたい8つのこと

第4章 ここを押さえておけば安心。相続対策のポイントを全解説

第5章 《事例紹介》相続対策の成功事例

第1章

《事例紹介》
相続対策をしない場合、間違った対策をした場合

第１章では、実際に筆者たちが相談を受けた中で、相続対策における失敗事例を３つ掲載します。相続の失敗は決して特別なことではなく、皆さんにも起こり得ることです。ご自身の相続で失敗しないためにも参考になさってください。

3つの事例から見えてくるさまざまな課題

本書を手にとった方の中には、相続対策は本当にやるべきなのかがまだ判然としない方もいらっしゃると思います。また、何の相続対策をやるべきか、どんな相続対策があるのか、相続対策をしないとどんなトラブルが待ち受けているのか、相続した不動産の遺産分割でトラブルになるのではないか、あるいは、相続税を支払うための現金がない――など、ご家庭ごとにさまざまな疑問や不安があるでしょう。私たちも、誰を頼ればいいかが分からない、税理士などの専門家に依頼したが対策を提示してくれない、などの声をよく耳にします。

私たちは、そのような多くの方々のご相談に乗り、対策を支援してきました。本書では、相続の基礎知識だけでなく、資産を残すための対策方法をはじめ、相続に係る不動産の活用法などをお伝えします。

まずここでは、私たちがこれまでご相談いただいた中で、相続対策を行わなかった、もしくは対策がうまくいかなかった方々の実例を3件ご紹介します。

相続の失敗は決して特別なことではありません。どなたの身にも起こり得ます。ご自身の相続で失敗しないために、ぜひ参考にしてください。

事例1 — 地主家系 相続がきっかけで、仲のよかった家族がバラバラに

よくテレビ番組で取り上げられるように、遺産の分割の仕方で争いになることは珍しい話ではありません。特に地主の家系（以下、地主家系）では、分割しにくい不動産が財産全体に占める比率が高く、現金が少ないケースがよく見受けられるので注意が必要です。

以下は地主家系の相続対策で、遺産分割に失敗した事例です。家族構成は、父・母・長男・長女です（図1）。長男は、父・母と同居し、介護なども含めて10年以上両親の面倒を見ていました。そんな長男に父は、先祖代々の土地を受け継いでほしい、今後は母の面倒も見てほしいと伝えていました。地主家系ではよく見られる状況ですが、その後、父が病気で亡くなったことがきっかけとなり、今まで仲がよかった家族がバラバラになってしまいました。

当初は、母が全て相続する予定で話が進んでいましたが、突然長女が「私も財産が欲しい」と主張してきました。父の想いは、家族みんなが知っていたので、長女の主張にほかの2人は驚きました。また、

図1　地主家系の父が死去

図２　土地の一部を長女が相続し、売却

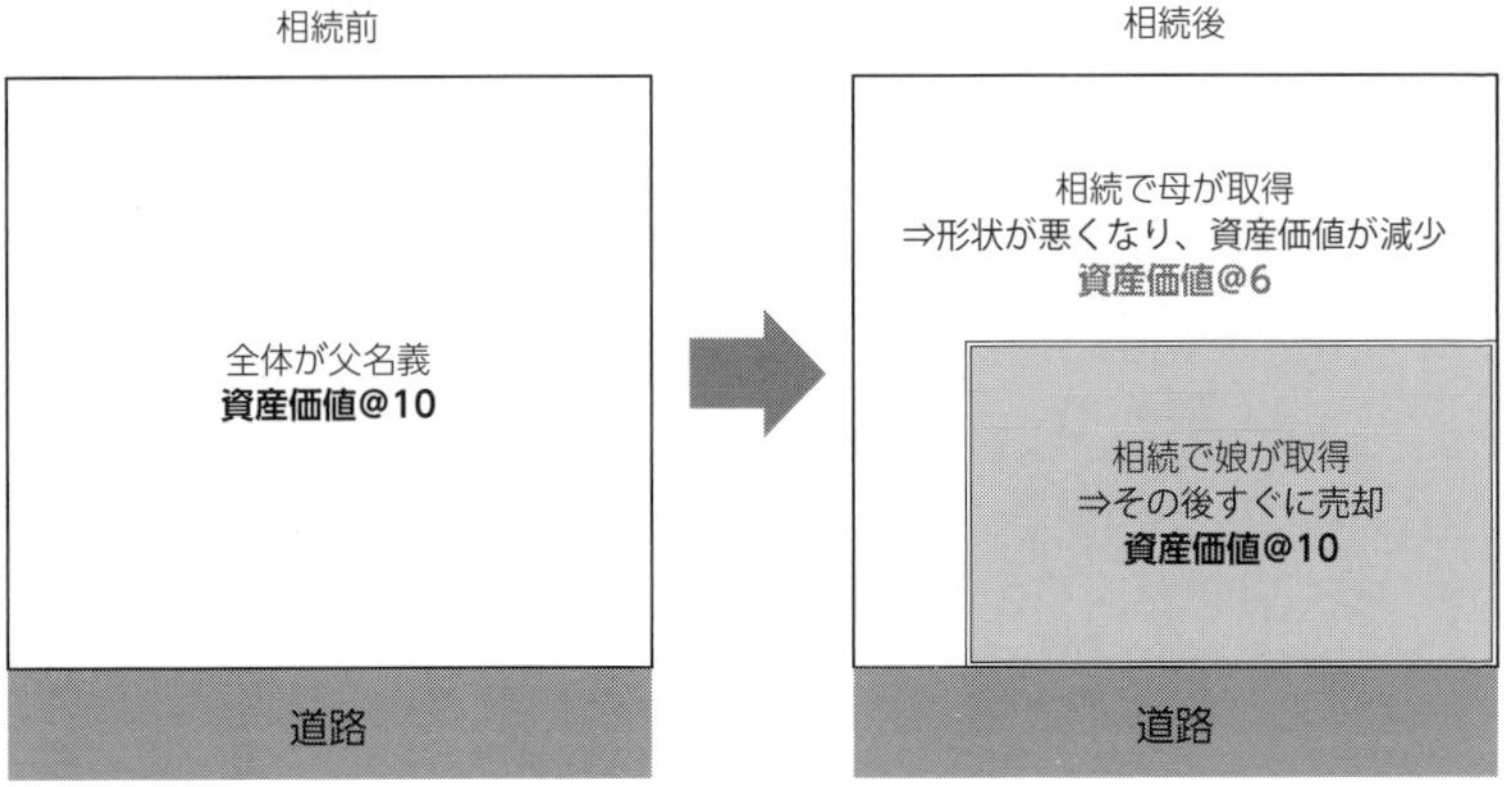

相続税を支払ったあとに残る財産のほとんどが不動産のため、渡せるものが土地しかない状況です。しかも、生前の父は、先祖代々の土地を将来的には長男に相続させたいという考えでしたので、不平等にならないように、長女に対し、子どもの学費や、家の購入費用など、多額のお金を援助していました。

そのような経緯もあり、父の想いに沿いたい「母・長男」と「長女」の話は平行線のままでした。お互い徐々に苛立ちが募り、「昔、お兄さんだけ大学に行かせてもらったくせに！」「お前こそ家を買ってもらってただろう！」などと、父が善意で行った過去の援助を責め合う事態になってしまいました。

その後、土地の一部を長女名義にすることになり、名義変更後すぐに長女は土地を売却しました。母が相続した土地は図２のように形状が悪くなり、資産価値が減少してしまったのです。

母は、長女に土地を譲ったことで家族の関係は修復すると考えていました。しかし、一度入った亀裂は修復できず、母が健在であるにもかかわらず、長男と長女は、将来母が亡くなった時の遺産分割について今も言い争いをしています。

父の生前は本当に仲がよかったのですが、相続がきっかけとなり、家族が2つに分かれてしまいました。

このご家族が事前に相続に関する状況を把握していれば、いくつかの課題を前もって認識でき、その対策を実行することでこのような事態にはならなかったかもしれません。

課題1▼遺言書の有無

被相続人が遺言書を残さなかった場合は、相続人の間で話し合い、財産を分けなければなりません。被相続人（この事例では父）がいればまとまる話も、いなければまとまらない場合が多いようです。相続人同士での話し合いがまとまらない場合、調停[*1]や裁判となり、最終的には法定相続分で財産を分け合うことになります。遺留分[*2]についての考慮は必要ですが、父の想いを叶えるためには遺言書が必要でした。

課題2▼生命保険を活用していない

遺産分割対策では生命保険を活用することも有効な手段です。生命保険金は、遺産分割をする必要がない、受取人固有の財産となります。この事例では、生命保険金の受取人を妻（母）にすることで、長女の遺留分への資金として準備しておくことも可能でした。

課題3▼節税対策、納税資金対策ができていない

地主家系の相続では、財産の多くを不動産が占め、相続税の納税のために土地を切り売りせざるを得ない場合がよくあります。生前に、将来想定される相続税を計算し、節税対策や納税資金対策を行うことが必要です。

この事例では、長期的な計画がない点も問題でした。課題1～3を解決するためには、短期的な対策ではできることが限られます。特に地主家系で土地を守りたい意志がある場合、長期的な計画による相続対策が必要になります。

相続対策のアパートが経営難になり、大損

2件目の事例は、相続対策でアパートを建築したAさんのお話です。Aさんの家族構成は、Aさん・長女・次女の3人です（図3）。

ある日Aさんは、ハウスメーカーの営業マンから、相続税の節税になり、家賃保証もあるということで、アパート建築を勧められました。建築することで、支払う相続税額は0円になり、利回りが10％、家賃保証も35年あるとの内容です。相続税を納めなくて済み、さらに家賃収入があるのならば進めてみようと思い、先祖代々守ってきた土地にアパートを建築しました。

図3　Aさんの家族構成

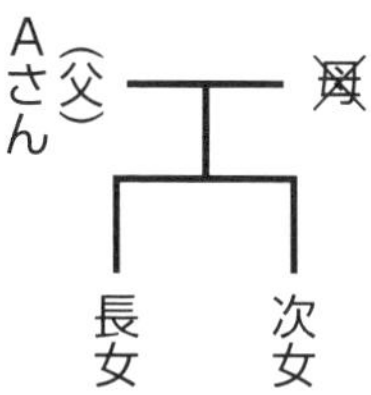

数年後に定年退職を迎えるAさんは退職後の生活について、アパートの収入もあり安心していました。そのような中、Aさんが亡くなりました。相続財産は自宅とアパート1棟と少しの現預金でした。相続財産のほとんどが不動産だったため、相続人である長女、次女が遺産分割でもめ、最終的には、持ち分を共有にすることになりました。

相続対策としてアパートを建築したことで相続税の支払いはな

くなったものの、アパート運営では空室が増え始め、ハウスメーカーからは外壁塗装が必要だとの見積書をもらいました。しかし家賃収入は生活費として使っており、外壁塗装を行うことができません。また、一定だと認識していた借り上げ賃料が、追い打ちをかけるように家賃減額を迫られ、毎月の手元に残るお金もほとんどありません。

その後、得られる家賃収入からのローンの返済ができなくなり、売却することになりました。売却代金は残っていたローンの返済で全てなくなってしまい、先祖代々守ってきた土地も失ってしまいました。姉妹の仲も悪くなり、Aさんが考えていた相続とはかけ離れた結果となりました。

このように、相続税の節税の視点だけで見ていると、その背後にあるアパートの収益性や不動産の価値の下落、遺産分割時の課題などに気づくことができず、資産を減らす方が少なくありません。相続対策をするのであれば、現状を分析して課題を把握し、どのような対策が必要なのかを検討することが重要です。

Aさんの場合、アパートを建てる前に、相続全体の現状を把握して対策を行っていればこのようなことにはならなかったはずです。

第1章

課題1▼不動産は分割しにくい

財産のほとんどが不動産なので、分割しにくく、遺産分割時にもめる可能性があります。また、共有財産になった場合、両者の合意がないと大規模修繕ができないなど、運営が立ち行かなくなる可能性も出てきます。

課題2▼「小規模宅地等の特例」を利用

「小規模宅地等の特例」を利用することで、相続税の節税が可能な場合があります。長女はAさんと同居しており、条件がそろえば小規模宅地等の特例を使えたのです。自宅用地の330㎡までの相続税評価額が80％引き下げられるので、アパート建築という選択肢でなくても対策が可能でした。

課題3▼アパートの収益性や不動産の価値を把握する

アパートを建築することによる収益性や不動産の価値を把握することが重要です。相続対策でアパートを建築する場合、押さえておくべき点が数多くあります。相続の全体像を把握し、アパートを建築した場合の不動産の価値の変化や収益性などをシミュレーションして、アパート経営のメリットとデメリットを事前に把握することが大切です。

不動産の相続対策といえば、アパートの建築をよく耳にします。アパートを建築することにより不動産の相続税評価額を引き下げ、相続税を節税する目的ですが、実際には、住宅メーカーが商品である建築を勧めるために相続対策を打ち出しているにすぎず、本来行うべきである相続対策とは大きくかけ離れていることが多いようです。

本来すべきである相続対策は、事前に相続の全体像を把握し、アパートを建築した場合の時価の変化や収益性などをシミュレーションしておかないと、結果的に不動産が持つ資産価値が目減りしてしまう可能性があります。

また、財産全体における不動産が占める割合が多くなった場合、不動産は分割しにくいことから、遺産分割時にもめる可能性もあります。相続の対策ではなく、アパート建築そのものがいつの間にか目的となってしまい、見えない課題に気付かないまま、対策を実行される方が多く見受けられます。

このような相続対策を行う前に、専門家とともに課題を把握しておけば、適切な対策を打つことができ、今のような状況になってはいないはずです。

＊1　**調停**――当事者の間に第三者が入ることで、話し合いによって紛争の解決を図り、合意を得ること。

＊2　**遺留分**――被相続人の兄弟姉妹以外の近しい関係にある法定相続人に保障される一定割合の遺産。遺留分が認められる相続人は、配偶者／子どもや孫などの直系卑属／親や祖父母などの直系尊属。

事例3―認知症問題

父の認知症によって最適な対策ができない

相続のご相談をいただいたときは、すでに親が認知症になっており、有効な対策ができないケースが近年増えています。認知症になってしまうと、基本的に相続対策は行えません。特に、長期的な相続対策を行う場合には、認知症リスクに対する注意が必要です。近年の高齢化社会の進行に伴い、高齢者の認知症は増え、リスクは高くなる一方なので、一層注意しなければいけません。

事例3は父の認知症で対策ができなくなったケースです。

父が持病による入退院を繰り返すようになり、相続のことを真剣に考えはじめた長男は、父の相続対策のために相続に関するさまざまなセミナーに参加していました。

司法書士に相談すると家族信託や遺言を勧められ、税理士に相談すると生前贈与を勧められ、銀行では生命保険を勧められました。最近では、建設会社から、父が所有する土地にアパートを建築して節税しましょうと勧められています。

それぞれアドバイスはしてくれますが、費用もかかり、彼らの専門分野以外のことに関しては的確なアドバイスがもらえず、何から手を付けていいか分からないまま1年以上が経過していました。そんな中で、ご相談をいただきました。

まず父の財産状況を整理し、確認したところ、父には1億円程度の資産があり、相続税の納付が発生します。それぞれの専門家が提案していた対策は有効ですが、父の年齢を考えると、優先順位を決めてから対策を講じる必要がありました。

ご家族の希望に沿って複数の対策をご提案した結果、遺言、生命保険での節税、老朽化アパートの売却から取り組むことになりました。しかし、いざ対策を始めようとした折、父の具合が悪くなり、認知症と診断されてしまったのです。

冒頭でお話ししたとおり、認知症になると相続対策は基本的にできません。

これにより、予定していた生前の相続対策が全てできなくなってしまいました。

課題1▼対策を始めるタイミングが遅かった

相続対策は生前のほうが選択肢が多く、そのため、有効な対策も当然多くなります。しかし、認知症になってしまうと、原則として生前の相続対策ができなくなります。相続対策は、長期的に行うほうがよりよい効果が期待できます。対策を行うタイミングは早ければ早いほど、望ましいのです。

課題2▼専門家のアドバイスに偏りがある

相談していた専門家からのアドバイスが、自分の得意分野のみでの商品やサービスに偏っていました。本来、相続対策は全体的な視点から行わなければいけません。各専門家が全体的な視点を持たなかったため、長男も判断ができず、時間だけが無駄に過ぎてしまいました。結果的に父の認知症が始まり、対策が実行できませんでした。

早いタイミングで対策を講じることと、相談する専門家の選定は重要です。最終的には相続後の対策を行いましたが、選択肢が少ない中での限定的な対策となってしまいました。相続税については、生前対策で行っていた場合と比較して、数百万円高く納める結果となりました。

第1章のまとめ

相続の失敗事例を3件ご紹介しましたが、これらの失敗事例は決して他人ごとではありません。少しでも財産があり、相続人がいれば、相続は誰にでも必ず発生します。財産が自宅しかなくて相続税がかからないとしても、相続人同士で遺産分割の内容についてもめるケースが少なくありません。また、相続についてしっかり理解していないと、相続税の節税のために行った対策で財産を大きく減らしてしまう可能性もあります。そうならないためにも、ご自身の相続としっかりと向き合い、課題を解決するための対策を早い時期から実施しておくことが重要です。

第2章以降では、相続の対策について基本から解説していきます。ぜひ、本書を参考にして想いを叶え、家族を守る相続対策を実現してください。

第2章

はじめの一歩を踏み出すための相続の基礎知識

ここでは、相続の基礎についてお伝えします。相続には、特有の専門用語や考え方がありますので、それらを確認しながら、基礎知識や評価額の計算方法などを習得していきましょう。

1 相続の流れ——手続きには期限がある

相続は、人の死亡によって開始されます。亡くなった方を「被相続人」といい、亡くなった方の財産上の地位を承継する人のことを「相続人」といいます。被相続人の死亡により相続が開始されると、相続人がさまざまな手続きを行う必要があり、図4のとおり、それぞれの手続きには期限が設定されています。

相続が開始された場合、まず初めにしなければならないことは、相続するか、放棄するかの決断です。これは、相続の開始があったことを知った日から3カ月以内に行う必要があります。「限定承認*1」や「相続放棄*2」をする場合は家庭裁判所へ申述する必要があり、申述しなければ「単純承認*3」をしたことになります。相続人の負債が資産よりも多い場合は、相続放棄の手続きを取らないと相続で負債を引き継ぐことになりますので、この決断は大変重要です。

相続開始後は、葬儀や法要の手配、役所への届け出、銀行や保険の手続き、家財の整理など、やるべきことがたくさんあり、期限の3カ月はあっという間ですので、資産と負債の状況を早めに確認することが大切です。

図4　相続開始後の手続きと期限

その後は、相続人が相続の開始があったことを知った日から4カ月以内に被相続人の「準確定申告」をしなければなりません。準確定申告とは、被相続人が死亡した年の1月1日から死亡した日までの所得の申告と納税を、相続人が被相続人に代わって行うことです。個人で毎年申告をされていた方などが対象になります。

被相続人の財産に相続税がかかる場合や、後述する各種の特例を利用する場合は、相続の開始があったことを知った日の翌日から10カ月以内に、被相続人の住所地の所轄税務署に申告・納税しなければいけません。

財産の種類や量にもよりますが、申告書の作成には時間がかかるため、早めに専門の税理士にご相談ください。依頼から申告期限までの期間が短い場合は、税理士への報酬が高くなる場合があるので注意が必要です。

また、遺言がない場合は、どのように遺産分割するかを相続人同士で話し合い、決めなければなりませんし、納税資金が足りない場合には、期間内に資産の売却を同時に進めていくなどして納税資金も準備する必要があります。

実際の相続では、「相続の話は四十九日法要が終わってから」と考えるご家庭は少なくありません。しかし、限定承認や相続放棄の3カ月はもちろん、申告・納税する10カ月の期限はあっという間にやってきます。

相続対策の詳細については後述しますが、対策の多くは相続が開始される前に行う必要があり、生前贈与や資産の組み換えのように、時間を要する対策もあります。実際、遺産分割や納税資金、節税のトラブルを抱えてご相談に来られる方の多くが、生前の対策が不十分だったと思われるケースです。

必要のないもめ事を起こしたり、余計な税金を払ったりすることなく、ご家族の目的に適った相続を実現するためには、相続に向けて早めに準備をしておくことが大切です。

＊1　**限定承認**――相続によって得た財産の範囲内で被相続人の負債などを返済し、財産が残ればそれを相続するという方法。被相続人の負債がいくらあるかが不明な場合などに有効な手続き。限定承認は、相続人全員で行う必要がある。

＊2　**相続放棄**――相続に関する全ての権利を放棄すること。被相続人の負債が多い場合などに有効な手続き。各相続人が個別に行うことができる。

＊3　**単純承認**――被相続人の財産と債務のすべてを無条件で相続すること。

2　誰が相続人になるか？――法定相続分と遺留分の割合

相続人とは、死亡した被相続人の一切の権利や義務を承継する人のことです。相続が発生してまず初めに行うのが、誰が相続人になるかという相続人の確定です。

相続する人を確定することにより、遺産分割時の各相続人の法定相続分と遺留分の額が決まります。

法定相続分とは、遺言がなく、相続人の間で遺産分割の合意ができない場合の各相続人の遺産の取り分です。実際の遺産分割時に、相続人同士で分割内容の合意が得られていれば、法定相続分で分割する必要はありません。

また遺留分とは、遺言があった場合の各相続人が受け取る権利のある金額であり、法定相続分の半分の額（被相続人の兄弟姉妹を除く）になります。相続する財産が遺留分に満たない場合は、財産を受けた人に対して遺留分額を請求することができます。これを「遺留分侵害額請求権*4」といい、「相続開始及び遺留分を侵害する贈与又は遺贈があったことを知った日から1年」もしくは「相続開始から10年」以内に行使しないと時効となり、請求できなくなります。

相続発生時点において、誰が相続人となるのかを把握することで、相続財産をどの割合でもらう権利があるのかが分かります。これは、必ず事前に確認しておきたい点です。

それでは、相続人は誰になるのか、法定相続分と遺留分の割合はどのくらいになるのでしょうか。図5は、法定相続分、遺留分という、相続人が最低限受け取る権利がある財産の割合を表したものになります。

まず、被相続人の配偶者は常に相続人となります。配偶者は、入籍していることが条件であり、内縁の妻や、すでに離婚しているなどの理由で戸籍に入っていない場合は相続人になることはできません。

配偶者以外の相続人は、次の3つの順位で配偶者と共に相続人になります。

第一順位の相続人は、被相続人の子（直系卑属）です。その子がすでに死亡している場合は、その子の子（孫）が相続人となります。これは「代襲相続」といい、第一順位は子

図5　相続人の関係と、各人が最低限受け取る権利がある財産の割合
（法定相続分と遺留分）

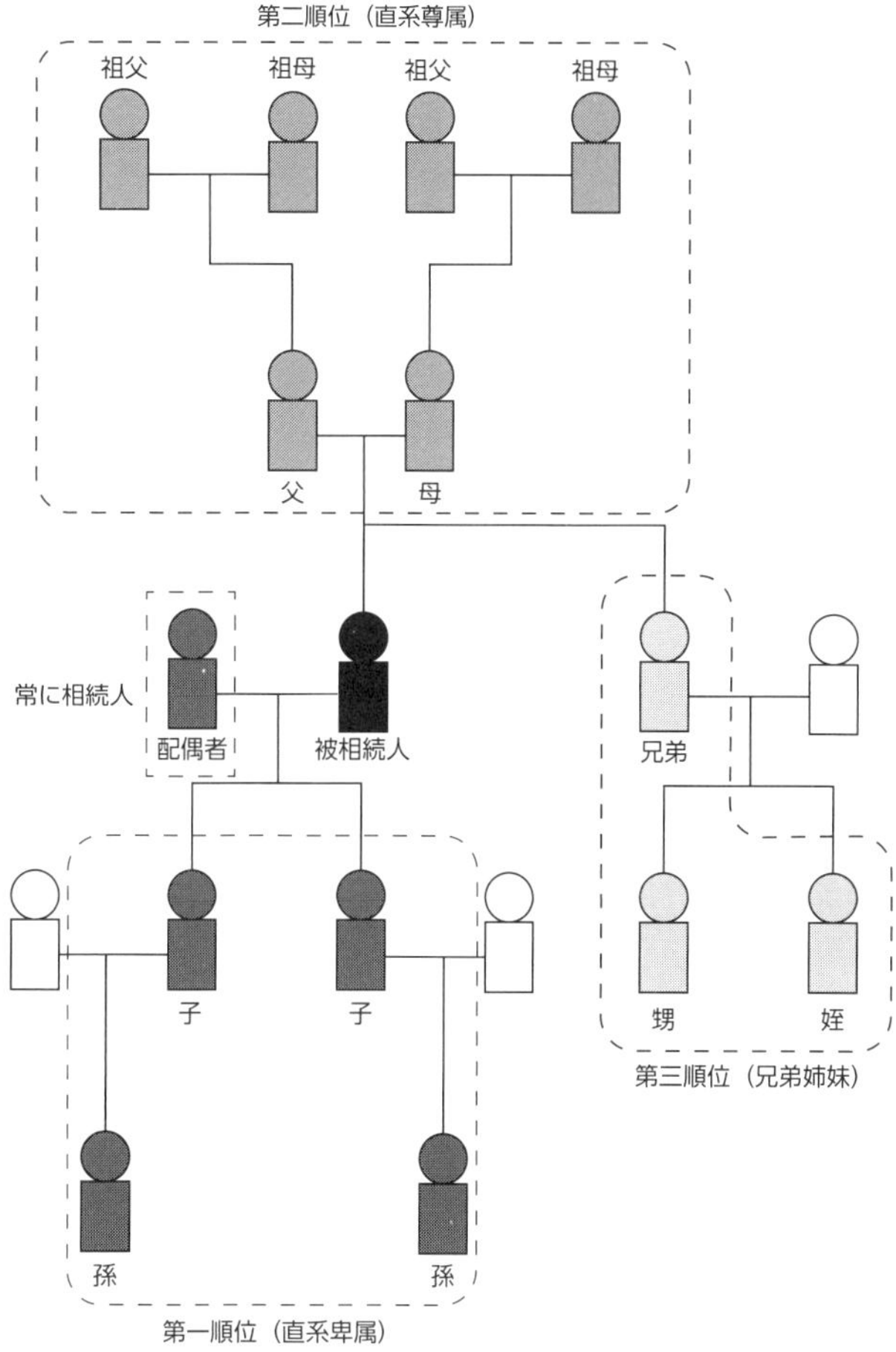

法定相続人の組み合わせ	法定相続分	遺留分
配偶者のみ	相続財産のすべて	相続財産の 1/2
配偶者と直系卑属	配偶者：1/2　直系卑属：1/2	配偶者：1/4　直系卑属：1/4
配偶者と直系尊属	配偶者：2/3　直系尊属：1/3	配偶者：2/6　直系尊属：1/6
配偶者と兄弟姉妹	配偶者：3/4　兄弟姉妹：1/4	配偶者：1/2　兄弟姉妹：0
直系卑属のみ	相続財産のすべて	相続財産の 1/2
直系尊属のみ	相続財産のすべて	相続財産の 1/3
兄弟姉妹のみ	相続財産のすべて	なし

から孫、孫からひ孫へと限りなく代襲します。この場合の法定相続分は配偶者が2分の1、残りの2分の1を子の人数で均等に割った値になります。例えば、配偶者と子が3人いる場合は、子の法定相続分の2分の1を子の人数3人で割りますので、6分の1ずつになります。遺留分は各人とも法定相続分の半分の額になります。

第二順位の相続人は、被相続人の父母・祖父母（直系尊属）です。第一順位である子がいない場合に相続人となります。また、父母が亡くなっている場合は、祖父母が代襲します。この場合の法定相続分は配偶者が3分の2、残りの3分の1を父母もしくは祖父母の人数で均等に割った値になります。例えば、子がいなくて、配偶者と父方の祖父が1人、母が1人の場合、祖父が代襲し、3分の1ずつを母と2人で割りますので6分の1ずつになります。遺留分は各人とも法定相続分の半分の額になります。

第三順位の相続人は、兄弟姉妹です。第一順位の子、第二順位の父母、祖父母がいない場合に相続人となります。兄弟姉妹が亡くなっている場合は、その子どもである甥、姪が代襲しますが、第一順位の直系卑属や第二順位の直系尊属の場合とは異なり、代襲するのは甥、姪の一代限りとなります。したがって甥や姪が亡くなっている場合は代襲されません。この場合の法定相続分は配偶者が4分の3、残りの4分の1を兄弟姉妹の人数で均等に割った値になります。

例えば子と父母、祖父母がいなくて、配偶者と被相続人以外の兄弟が2人であれば、兄弟の法定相続分は8分の1になります。第三順位の兄弟姉妹には遺留分を主張する権利がないため、遺言書を作成すれば、配偶者が遺留分侵害額請求をされることはありません。

配偶者と被相続人自身の子がいる場合は配偶者と子に財産が相続されます。子がいない場合は、被相続人の父母や兄弟姉妹が配偶者とともに相続人となります。被相続人が一代で築いた財産なら、配偶者からみれば兄弟姉妹は関係ないように思われますが、民法ではそのような権利が発生してしまい、もめることが少なくありません。このような事態に陥らないために、相続人が誰になるのかを事前に把握し、後述する相続対策を行うことで争点を小さくしたり、争い自体を防ぐことが可能になります。

*4　遺留分侵害額請求権――遺留分を侵害された人が財産を受けた人に対して、遺留分に相当する金銭の請求を行うことができる権利。2019年の法改正により、遺留分権利者は遺留分減殺請求権ではなく、遺留分侵害額という金銭での請求権を有することになった。

3 相続税計算時の財産の評価――財産に応じたさまざまな評価方法

相続人の確定の次に行うのが相続財産の把握です。相続財産がどれほどあるのか？　負債はないのか？　負債が多ければ、相続放棄の判断をしなければならない可能性もあります。財産がある場合は相続税がかかるのか？　相続税がかかる場合はいくらになるのか？　相続財産の評価額が分からなくては相続税の算出も含めて適切な対策ができません。ここでは、主な財産の評価方法について説明します。実務においては、この相続財産の評価や特例等の使い方などが難しく、10人の専門家がいれば10とおりの相続税申告ができると言われています。

専門家でも難しい点ですので、ここでは評価方法を詳しく理解するというよりも、財産に応じてさまざまな評価方法があるという点をご理解いただければいいと思います。ここからは、資産に応じた評価方法をご紹介します。

相続財産は、被相続人が亡くなった日時点の財産について「財産評価基本通達*5」という基準に沿って評価を行います。相続財産の主なものは、現預金、不動産、生命保険、有価証券、その他の財産等になり、それぞれの評価方法は次のようになります。

①現預金の評価方法

原則として、相続開始日現在の預金残高により評価します。配偶者や子ども、孫名義の預金であっても、通帳や印鑑を被相続人が管理している場合等（いわゆる名義預金）は、被相続人の相続財産として計上します。

②不動産の評価方法

不動産はまず大きく分けて土地と建物に分かれ、評価方法も違ってきます。

土地の相続税評価方法には「路線価方式」と「倍率方式」という2つの方式があります。「路線価方式」は路線価が定められている地域の評価方法です。路線価とは、その道路に面する土地1㎡当たりの評価額のことで、千円単位で設定されており、図6の「路線価図」で確認できます。

基本的な土地の相続税評価額は、

前面道路の路線価 × 土地の面積

で算定されますが、路線価は土地の形状などの条件等により補正されます。例えば、図7に示すような奥行きの長い土地である旗竿地《はたざおち》や不整形地などは、接道している標準地に比

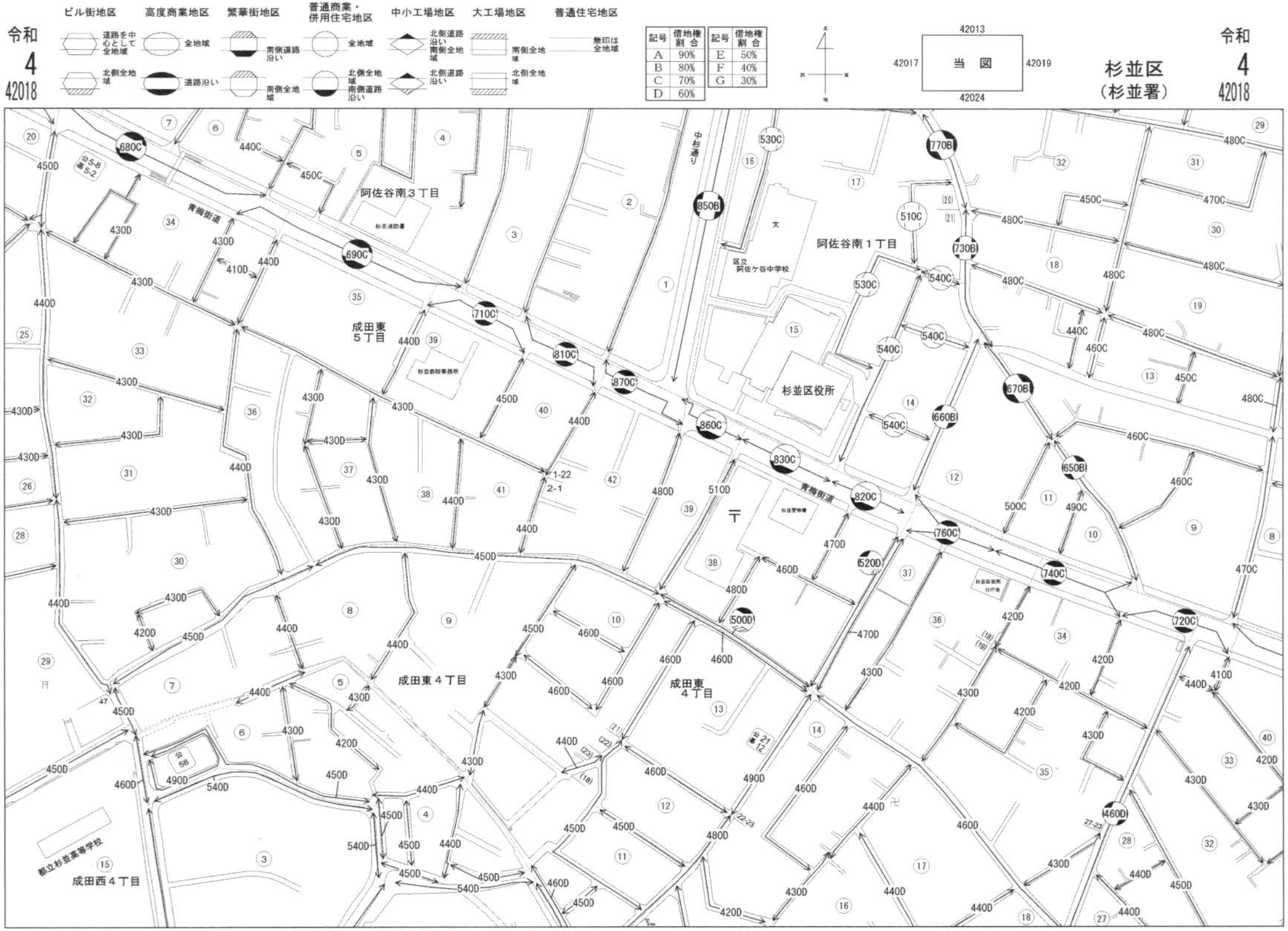

図６「路線価図」は、国税庁のWebサイトで確認できる

（国税庁ホームページより）

図7　補正後の評価が低くなる形状の土地

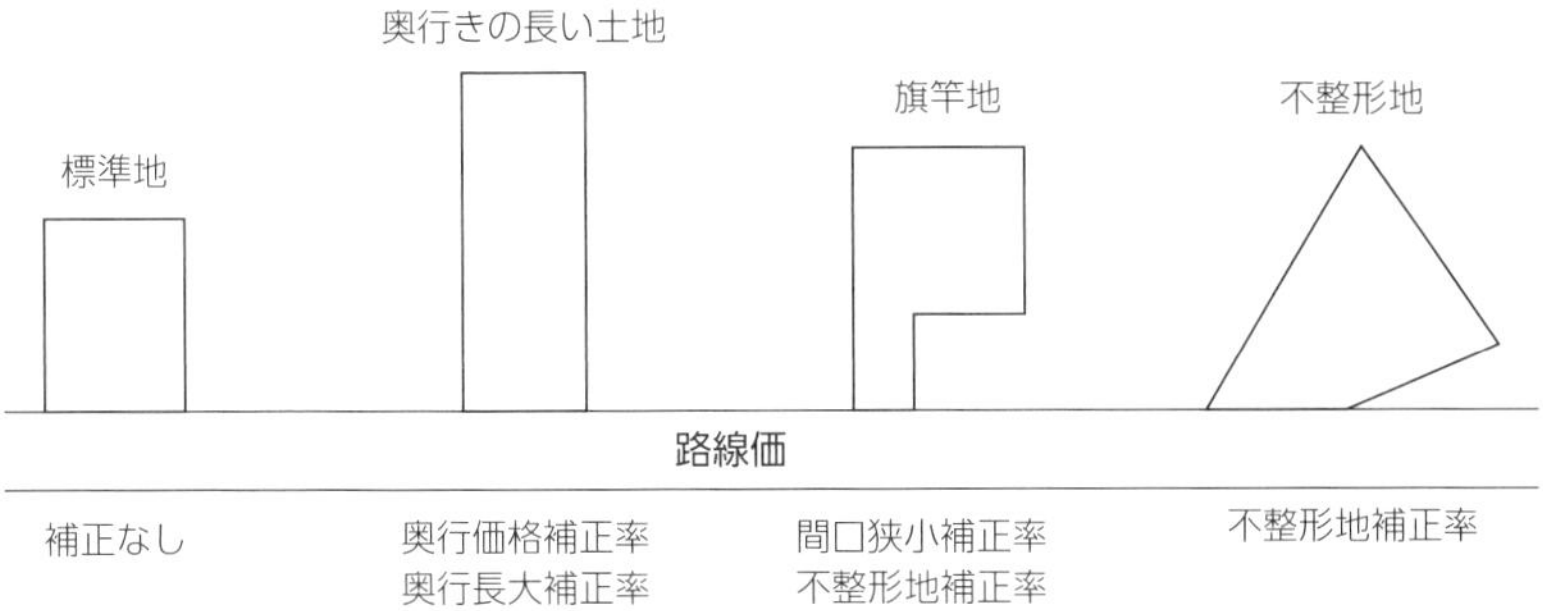

べると補正後の評価は低くなります。

また、図8のような2つの道路に接する角地などは加算されて高くなります。例えば、図8の角地は利便性の高い二方向道路に面していることから、道路Aと道路Bを考慮し、一方向のみに面している中間画地よりも高く評価され、評価額が上がります。この、評価額を加算や減算する補正

図8　2つの道路に接する角地

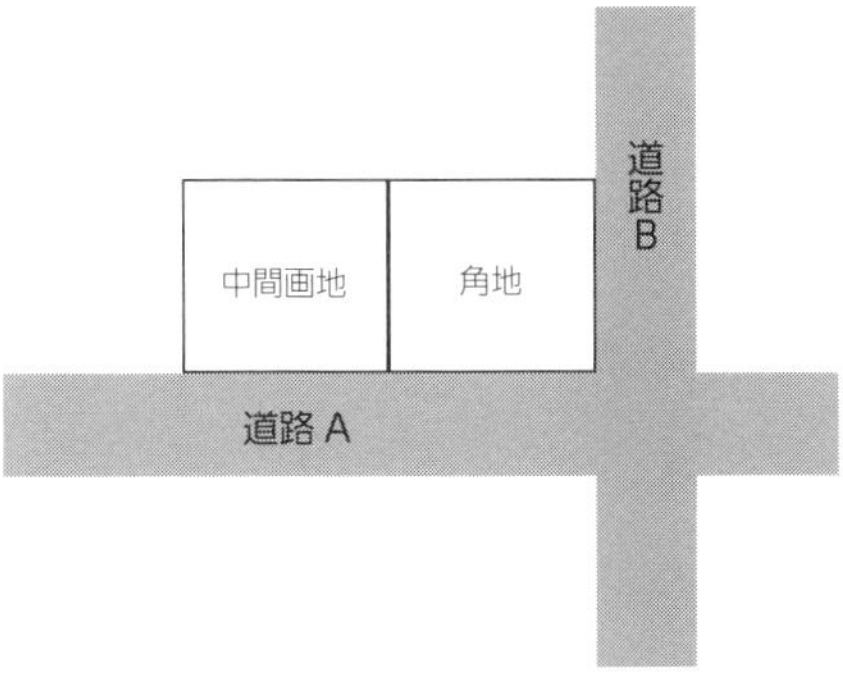

表1　借地権割合

記号	借地権割合
A	90%
B	80%
C	70%
D	60%

記号	借地権割合
E	50%
F	40%
G	30%

は、路線価方式で土地の相続税評価を求める場合にのみ適用します。

土地の形状による補正を見てきましたが、所有している状況によっても評価が変わります。自宅などで使っている土地を「自用地」といいます。アパートやマンションなどの土地である「貸家建付地*6」や、第三者が建物の所有権を有し、地代を受け取っている場合等の「貸宅地*7」は、他人の権利を考慮し、相続税評価額を算出します。

前ページ表1の借地権割合は、貸家建付地、借地権、貸宅地の計算に用い、前述の路線価図の路線価格表記の後ろにアルファベットで表記されます。

*5 **財産評価基本通達**――相続財産の中には評価するのが難しいものがある。そのため、国税庁では相続税の計算を行う際に用いる、相続財産の評価基準を財産評価基本通達で定めている。

*6 **貸家建付地**――賃貸アパートや貸家等の建物がある所有地のことをいい、建物がない駐車場等は該当しない。また、土地の所有者と建物の所有者が異なる場合や、建物を無償で貸している場合にも、貸家建付地には該当しない。

*7 **貸宅地**――自身の土地に第三者が所有する建物がある土地のことで、いわゆる「底地」と言われる。

「貸家建付地」と「貸宅地」の場合の計算方法には違いがあります。「貸家建付地」の場

合は、

自用地の評価額×（1－借地権割合×借家権割合×賃貸割合*8）

で、算出します。

例えば、自用地の評価額が1億円、借地権割合が70％、借家権割合が30％（借家権割合は全国一律30％）、賃貸割合が50％の場合、

1億円×（1－0.7×0.3×0.5）＝8950万円

となります。

「貸宅地」の場合は、

*8　**賃貸割合**――賃貸している割合のことで、文中の「賃貸割合が50％」とは、賃貸部分の総床面積のうち、半分の床面積が空室である状態をいう。

自用地の評価額×（1－借地権割合）

で、算出されます。

例えば、借地権割合が70％で、自用地の評価額が2000万円の場合、2000万円×（1－70％）で、貸宅地の相続税評価額は600万円となります。

その逆で、他人の土地上に建物を所有している場合は「借地権」となり、相続財産に計上され、計算式は次のようになります。

自用地の評価額×借地権割合

例えば、借地権割合が70％で、土地の評価額が2000万円の場合、2000万円×70％で、借地権の相続税評価額は1400万円になります。

「倍率方式」は路線価が定められていない地域の評価方法で、次のように計算します。

土地の相続税評価額＝固定資産税評価額×倍率

この倍率は財産評価基準書の評価倍率表を基にし、土地の形状による補正は行いません。例えば、土地の固定資産税評価額が2000万円で、倍率が1・2の場合、2000万円×1・2で、土地の相続税評価額は2400万円になります。

次は建物の相続税評価額ですが、建物の相続税評価額は土地と同様に、自身で使用する場合もしくは使用貸借している場合と、貸している場合では計算方法が異なります。

自宅のように自身で利用している場合や使用貸借している場合は、固定資産税評価額が相続税評価額になります。固定資産税評価額は、固定資産税課税明細書などに記載されています。

アパート等で貸している場合は次のように算出します。

建物の固定資産税評価額×（1－借家権割合×賃貸割合）

例えば、賃貸物件の固定資産税評価額が1億円、借家権割合が30%（借家権割合は全国一律30%）、賃貸割合が50%の場合、1億円×（1－0・3×0・5）で、8500万円になります。

ここまで、土地は「自用地」「貸宅地」「借地権」「貸家建付地」で評価が変わり、建物は、自分で使っているのか、貸しているのかなどによって評価方法が変わることをお伝えしました。別の言い方をすると「不動産は、利用方法によって相続税評価が変わる」もしくは、「**不動産は利用方法によって相続税評価を下げることができる**」とも言い換えることができます。これは、第4章で紹介する相続対策にも大きく関係しますので、押さえておいてください。

③生命保険の評価方法

被相続人が契約者、被保険者の場合、死亡保険金は受取人に支払われ、受取人の固有の財産になりますが、みなし相続財産として被相続人の相続財産とみなされます。ただし、そのうち「500万円 × 法定相続人の数」は非課税になります。

④有価証券の評価方法

有価証券には証券取引所に上場している「上場株式」と、主に被相続人や親族が経営している会社や、資産管理法人などの証券取引所に上場していない自社株の「非上場株式」

があり、それぞれの評価方法は異なります。

「上場株式」は、次の4つのうち、最も低い価額で評価します。なお、終値とは、その日の最後についた取引価格のことです。

・相続が発生した日の終値
・相続が発生した月の、毎日の終値の平均額
・相続が発生した月の、前月の毎日の終値の平均額
・相続が発生した月の、前々月の毎日の終値の平均額

なお、上場株式が複数ある場合は株式ごとに最も低い金額で評価します。

また、相続が発生した日が土曜、日曜、祝日の場合は、市場が休場しているため終値がありません。このような場合は、相続が発生した日に近い日の終値を相続が発生した日の終値とします。

非上場株式は、会社の規模や売上、資産など、さまざまな項目を考慮し、原則的評価方式の「類似業種比準方式」「純資産価格方式」「併用方式」と、特例的評価方式の「配当還元方式」で評価を行います。「類似業種比準方式」は上場している同業種の会社と比較し

て算定します。「純資産価格方式」は会社を清算した場合に株主が受け取ることのできる額を算定します。「併用方式」は「類似業種比準方式」と「純資産価格方式」を組み合わせて算出します。「配当還元方式」は得られる配当から逆算して算定します。

⑤その他の財産の評価方法

家具や家電、自動車、貴金属、骨とう品、楽器といった一般の動産の価額は、原則として売買の実例価額などで評価します。高価な貴金属、骨とう品、楽器などは、専門家の鑑定が必要な場合がありますが、それらがなければ実務上は「その他一式30万円」のように、概算で価額を算出します。

以上のように、財産の種類によって評価方法は変わり、算出にも時間を要します。

4 相続税の計算――4ステップの計算シミュレーション

相続財産の評価額を把握できたところで、多くの方が一番興味を持たれるのが「相続税がいくらになるのか」ではないでしょうか？　相続税がかかる方は申告が必要になりますし、相続税額が大きければ節税対策を考えなければなりません。そのためにも相続税がいくらになるのかを知る必要があります。

相続税の計算ではまず、現預金、不動産、保険、有価証券などのプラスの資産と、借入などのマイナスの資産、相続人への3年以内の贈与額(51ページの✱9にて解説)などを把握しなければなりません。そこから相続税の計算の基になる純資産を算出していきます。その後、相続人の数に応じて基礎控除を控除し、法定相続分により配分をしていきます。分かりやすいように事例で説明していきますので、図9をご覧ください。

《事例》

【家族構成】

父・妻・子ども2人

【相続財産】

『資産』合計2億円(相続税評価額)

資産内訳:現金5000万円・自宅3000万円・アパート1億円・有価証券2000万円

『負債』合計5000万円

図９　相続税額の計算

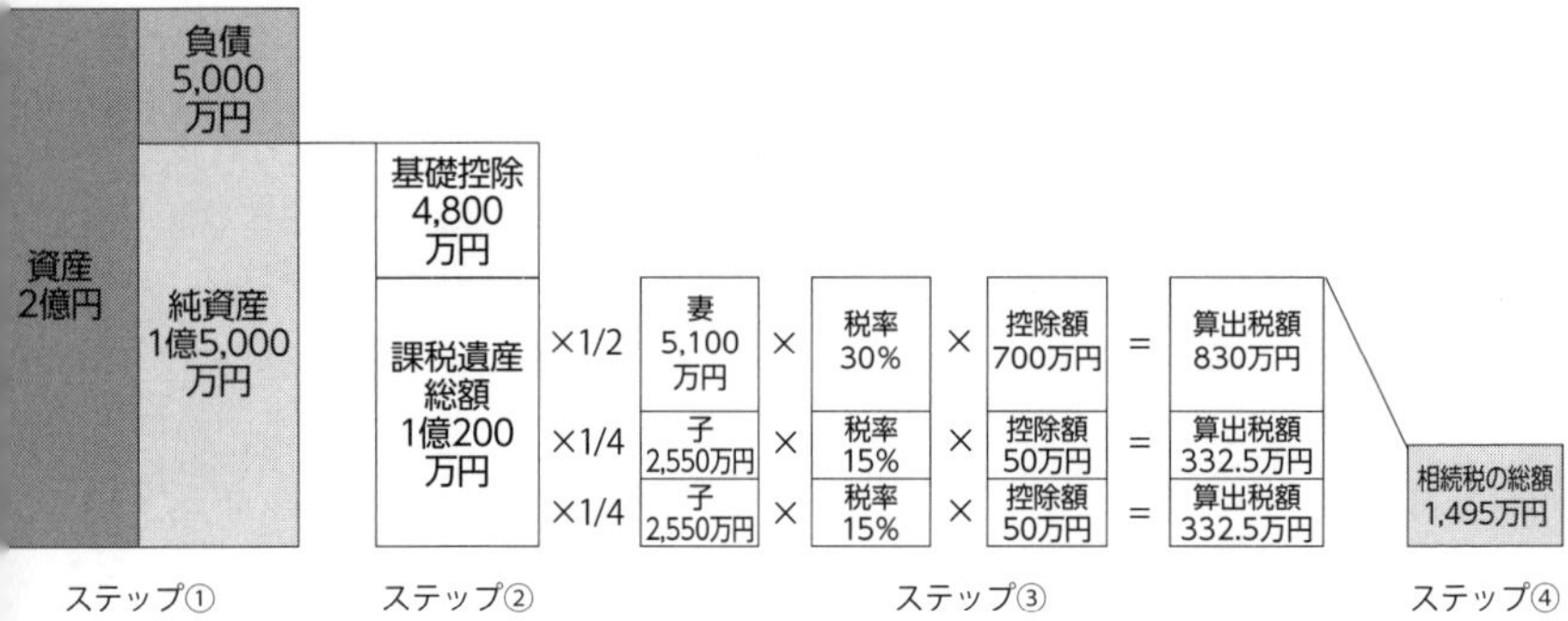

負債内訳：アパートのローン　５０００万円

このような前提条件のご家庭で父が亡くなり、妻と子ども２人が相続する場合の相続税額の計算をしていきます。

まず、ステップ①では被相続人の課税価格の合計額を算出します。計算式は次のようになります。

▼相続または遺贈により取得した財産の価額＋みなし相続により取得した財産の価額－非課税財産の価額＋相続時精算課税に係る贈与財産の価額－債務および葬式費用の額＝純資産価額

▼純資産価額＋相続開始3年以内の贈与財産の価額[*9]＝各人の課税価格

各人の課税価格の合計を算出します。各相続人の課税価格の合計額が全体の課税価格の合計額となり、ステップ①の純資産の部分になります。

事例では、資産合計が2億円となり、内訳は、現金5000万円、自宅3000万円、アパート1億円、有価証券2000万円です。負債合計は5000万円となり、内訳はアパートローン5000万円です。3年以内の贈与はありません。資産合計から負債合計を差し引き、3年以内の贈与を加え、純資産を求めます。

資産2億円－負債5000万円＋3年以内の贈与0円＝純資産1億5000万円

次のステップ②では、ステップ①で算出した全体の課税価格の合計額から基礎控除額を差し引いて、課税される遺産の総額を計算します。この課税される遺産の総額がプラスの場合、相続税が課税されます。つまり、基礎控除額を超える財産がない場合は相続税が課税されません。基礎控除額は相続人の人数によって変わり、計算式は次のようになります。

課税価格の合計額－基礎控除額（3000万円＋600万円×法定相続人の数）＝課税遺産総額

事例では、純資産の合計額が1億5000万円です。相続人が妻と子供2人の合計3人ですので、課税遺産総額は次のように計算します。

純資産1億5000万円 − 基礎控除額（3000万円＋600万円×3人）4800万円＝課税遺産総額1億200万円

次のステップ③では、ステップ②で算出した課税遺産総額を、各法定相続人が法定相続分に従って取得したものとして、各法定相続人の取得金額を算出します。その計算した各法定相続人の取得金額に税率を乗じて、控除額を差し引き、各相続人の相続税額を計算します。計算式は次のようになります。

課税遺産総額×各法定相続人の法定相続分＝法定相続分に応ずる法定相続人の取得金額

法定相続分に応ずる法定相続人の取得金額×税率−控除額＝各相続人等の算出税額

相続税の税率と控除額は、法定相続分に応ずる取得金額によって異なります。表2をご覧ください。
事例では、次のように算出税額を計算します。

表２　相続税の税率と控除額

【2015年１月１日以後の場合】相続税の速算表

法定相続分に応ずる取得金額	税率	控除額
1,000万円以下	10%	–
3,000万円以下	15%	50万円
5,000万円以下	20%	200万円
１億円以下	30%	700万円
２億円以下	40%	1,700万円
３億円以下	45%	2,700万円
６億円以下	50%	4,200万円
６億円超	55%	7,200万円

妻　1億200万円×1／2＝5100万円
　　5100万円×30％－700万円＝830万円
子　1億200万円×1／4＝2550万円
　　2550万円×15％－50万円＝332万5000円
子　1億200万円×1／4＝2550万円
　　2550万円×15％－50万円＝332万5000円

最後のステップ④では、ステップ③で計算した各法定相続人の算出金額を合計して、相続税の総額を算出します。

事例では、次のように算出します。

830万円＋332万5000円＋332万5000円＝1495万円

この事例の場合、父が亡くなった際に相続人が支払わなければならない算出税額の総額は1495万円となります。この算出税額の総額を基に、実際に財産を取得した割合に応じた相続税額を算出していきます。

次節以降でご説明しますが、**被相続人と相続人の関係性や、相続人の状況によってはさまざまな控除を利用できる場合があります**。事例の場合では、妻が全額を相続した場合、相続する財産の額が1億6000万円以内のため、配偶者の税額軽減を利用すれば相続税は発生しません。しかし、妻が亡くなったときの相続時（二次相続時）には、事前に何の対策も講じず、全額相続する場合には、相続人が3人から2人になっており、基礎控除額も減少しますので、この算出税額よりも高くなります。このため、二次相続までを踏まえた対策が必要です。

本書の第4章では相続対策についてご説明します。そこでは、ここで使われた事例を基にしていますので、相続対策を行った場合にどのような効果があるのかをご覧いただくことで、それぞれの対策が図9のどの部分に対して効果を発揮しているかが分かっていただけると思います。

＊9　相続開始3年以内の贈与財産の価額――2024年1月1日以後は、相続開始7年以内の贈与財産の価格。

5 相続税を軽減させる特例や税額控除など
――「小規模宅地等の特例」や6種類の税額控除

ここまで、相続財産の評価方法と相続税の計算方法をご覧いただきました。相続税を抑え、次の世代に多くの財産を遺すためには生前からの綿密な計画が必要不可欠ですが、相続が発生した後でもできることがあります。それが、相続税申告をする際に利用できる特例などです。その中で代表的な特例をご紹介します。

①配偶者の税額軽減

配偶者が相続した財産のうち、法定相続分または1億6000万円分までは税額が軽減されます。

例えば、相続人が配偶者と子1人だったとします。相続税評価額が1億円だった場合、全ての財産を配偶者が相続すれば納税額は0円になります。ただし、この特例を利用することによって納税額が0円になった場合でも、申告は必ずしなければなりません。

また、この特例は使いやすい半面、注意が必要な点があります。配偶者の税額軽減を使った一次相続、その配偶者が亡くなった時の二次相続の相続税額の合計額まで併せて考えた場合、配偶者の税額軽減の使い方によって、最小値と最大値が倍近く違ってくるケースがあるのです。詳しくは第4章の「二次相続」の項でご説明しますので、そちらをご覧ください。

②小規模宅地等の特例

被相続人が住んでいた自用地、事業の用に供していた土地などに対して満額で課税してしまうと、遺された相続人の生活や事業に多大な影響を及ぼしてしまう可能性があります。これをできる限り防ぐために、「小規模宅地等の特例」があります。この特例は、利用できればかなり効果が大きくなることがあります。そのため、適用要件は細かく設定されています。何の用に供していたのか、誰が相続する土地なのかなどによって適用できるか否

表3　小規模宅地等の特例が適用された場合に減額される面積と減額割合

○ 相続の開始の日が「平成 27 年 1 月 1 日以後」の場

相続開始の直前における宅地等の利用区分			要件		限度面積	減額され割合
被相続人等の事業の用に供されていた宅地等	貸付事業以外の事業用の宅地等		①	特定事業用宅地等に該当する宅地等	400m²	80%
	貸付事業用の宅地等	一定の法人に貸し付けられ、その法人の事業（貸付事業を除く）用の宅地等	②	特定同族会社事業用宅地等に該当する宅地等	400m²	80%
			③	貸付事業用宅地等に該当する宅地等	200m²	50%
		一定の法人に貸し付けられ、その法人の貸付事業用の宅地等	④	貸付事業用宅地等に該当する宅地等	200m²	50%
		被相続人等の貸付事業用の宅地等	⑤	貸付事業用宅地等に該当する宅地等	200m²	50%
被相続人等の居住の用に供されていた宅地等			⑥	特定居住用宅地等に該当する宅地等	330m²	80%

かが変わってきます。また、仮に宅地の条件が特例に該当していたとしても、適用できる限度面積があります。

　小規模宅地等の特例を実際に利用する場合には、使える場合、使えない場合の要件が細かく決まっており、その内容を伝えるだけでも本が1冊書けるほどで、専門家でも判断が難しいです。そのため、ここではかいつまんで説明しますので、概要をご確認ください。

　まず、この特例に該当する土地は次の3つに分類されます。

1．被相続人が住んでいた土地（居住用宅地）
　↓⑥

2．事業を営んでいた土地（特定事業用宅地、特定同族会社事業用宅地）↓①②

3．不動産貸付の土地（貸付事業用宅地）→③④⑤

この小規模宅地等の特例が適用された場合に減額される面積と減額割合を表にまとめました（表3）。

例えば、居住用宅地の路線価25万円／㎡×400㎡で1億円の相続税評価額であれば、小規模宅地の評価減の計算をした場合330㎡までの評価が80％減となり、評価額は｛25万円×330㎡×（1－0・8）｝＋（25万円×70㎡）＝3400万円となります。

適用できたとすれば、評価が大きく下がる節税対策の目玉になります。

この小規模宅地等の特例は、種類によって適用できる限度面積がありますが、居住用＋事業用など併用も可能です。

●表3中の①もしくは②と⑥の併用の場合
①＋②≦400㎡、⑥≦330㎡、合計730㎡

●表3中の③もしくは④もしくは⑤がある場合

（①＋②）×２００／４００＋⑥×２００／３３０＋（③＋④＋⑤）≦２００㎡

小規模宅地等の特例は効果が大きいのですが、適用条件が細かく、厳格に定められているため、相続に詳しい税理士に相談し、慎重に検討していきましょう。

その他、相続税そのものから差し引くことのできる税額控除が、次の6種類です。

1. 贈与税額控除

相続開始前3年以内に受けた贈与財産が、相続税の課税価格に加算された場合、その贈与財産にかかる贈与税を控除できる（２０２４年1月1日以降は7年）。

2. 未成年者控除

相続人が未成年の場合、未成年者が18歳になるまでの年数に応じて、一定額の税額が軽減される。

計算方法：（18歳－16歳）×10万円

3. 障害者控除

相続人が障害者である場合、障害者が85歳になるまでの年数に応じて、一定額の税額が軽減される。
計算方法：(85歳 − 相続開始の年齢) × 10万円　※特別障害者は20万円

4. 相次相続控除

10年間に2回以上の相続税を支払う相続があった場合、最初の相続に課税された相続税の一定額を次の相続の時に控除できる。

5. 外国税額控除

外国の財産を相続し、その相続した外国の相続財産に外国の相続税が課税された場合、当該外国の相続税が控除される。

6. 相続時精算課税控除

相続時精算課税制度を適用し、贈与税がある場合、相続税額から当該相続時精算課税制度における贈与税相当額を控除する。

前記6種類の税額控除の中で、贈与税額控除、未成年者控除、障害者控除、相次相続控除、外国税額控除は対策というよりは既成事実ですので、控除を使う場合には税務署への申請が必要です。しかし、知っているか、いないかで大きく変わってくるので、事前に把握しておくことがとても大切です。

6 遺産分割時の時価——相続税を支払う時と遺産分割する時の評価方法

財産の相続をするにあたり、その財産の価値をしっかりと計算して相続財産の総額を知るということは遺産分割トラブルを防ぐためにもとても大切です。

ここで、相続時に評価する財産の主な項目を列挙します。

現預金／不動産／有価証券／生命保険／家庭用財産／自動車／書画や骨とう品／電話加入権／家具や家電

現預金は、相続税を計算する際の評価も、遺産分割時の評価も同じです。現金100万円の評価は100万円ということになります。

では、相続税を計算する際の評価と、遺産分割時の評価が違う場合があるのでしょうか？

その代表的なものを2つ紹介しましょう。

1つは不動産です。不動産は相続財産の中でも大きな割合を占めており、相続トラブルの大きな要因になることが多くあります。それはなぜなのでしょうか？　実は、不動産の評価の仕方が、相続税を計算する際の評価額と、実勢価格（実際に市場で流通できるであろう価格）とに分かれるからなのです。

相続税を計算する際の評価額1000万円の不動産と、1000万円の現預金の、合計2000万円の財産があるとします。これを相続人2人で、一方が不動産1000万円、もう一方が現預金1000万円を相続したと仮定してみましょう。仲良く分けたかのように見えますが、実は不動産を相続した人がそれを売却したら2000万円で売却できた――。これはよくある話です。この場合、現預金を相続したほうの人は納得するでしょうか？

繰り返しになりますが、**相続税を支払う時と、遺産分割する時の評価方法は異なります**。相続税を支払う時には「相続税評価」、遺産分割する時には時価で評価を行います。

相続税評価とは、本章の3**「相続税計算時の財産の評価」**でお伝えしたとおり、財産評価基本通達の基準で行います。一般的に都市部になればなるほど相続税評価より時価は高くなりますし、逆に都市部より離れた地域になると相続税評価のほうが時価よりも高くなります。この評価の違いを知らない専門家もいます。相続税評価のまま遺産分割することによって、後々の分割トラブルにつながってしまうのです。

もう1つは有価証券です。

有価証券は、一般に取引相場のある上場株式と、被相続人が事業を営んでいた同族会社などの非公開の会社の株の2つがあります。一般に取引されている上場株式は、株価という客観的な数字で評価ができます。しかし、上場していない同族会社等の非公開の株は客観的な数字での評価ができません。相続で取得した自社株は株主が同族株主かそれ以外の株主かで評価方法が変わりますし、上場株式か取引相場のない株式かでも評価方法が変わってきます。

ここで一番重要なのが、不動産や自社株は、相続税を計算する際と、遺産分割の法定相続分や遺留分を算出する際とで、評価方法が大きく変わってくる財産だということです。

不動産は、専門家に評価を依頼する際に、税理士だけではなく不動産業者や不動産鑑定士にも遺産分割対策としての評価をしてもらい、異なる評価を事前に把握しておくことで、もめない相続の実現につながります。また自社株に関しても、会社の資産や負債、業績、所有不動産などの見えない評価があります。現状を把握することで、初めて本当の課題を認識することができ、それだけでも相続対策として大きく前進します。

第2章のまとめ

不動産の評価の補正方法や小規模宅地等の特例の内容を全て自分で覚えるのは、とても大変です。ですので、所有する財産の大まかな概要を把握することが重要です。相続税を支払う場合や、遺産を分割する場合などで、所有する財産の評価を専門家に依頼する際に、抜けや漏れがないかをチェックしたり、的確な評価が得られるように概要を把握しておきましょう。

第3章

相続で資産を残すために知っておきたい8つのこと

相続で資産を残すためには相続税の節税対策が重要、とよく言われます。しかし、節税対策で資産を残すつもりが、実際は資産が減ったという人が後を絶ちません。相続で資産を残すには、残すための仕組みを知ることが重要です。本章では、その基礎知識についてお伝えします。

1 守るべき資産の単位 ―― 損益計算書と貸借対照表の考え方

前章でご説明したように、相続税を計算する際と遺産分割をする際の評価方法は異なります。このように、条件によって資産の評価は変わるのですが、資産を守りたいと思った時には、どのように評価すればよいでしょうか？

それは**現金化した時の価値**です。相続税を計算する際の評価は、あくまでも相続税と贈与税の計算にしか使いません。大切なのは、現金化した場合に実際にはいくらあるのかということです。これは遺産分割をする際の評価と同じです。

本書を手に取っていただいた方は、少なからず「相続税を抑えたい」「相続を経ても資産を残したい」ということをお考えではないでしょうか？

「相続税を減らす」ということだけを考えた場合、資産を少なくすれば相続税は低くなります。しかし、相続税は減ったが、資産も減ったというのでは本末転倒です。

では、どの部分に注意して対策を講じるべきでしょうか。

ここでは、**法人が用いる損益計算書**（**P／L**）**と貸借対照表**（**B／S**）**の考え方を取り入れること**が重要になります。

図10　損益計算書と貸借対照表の考え方

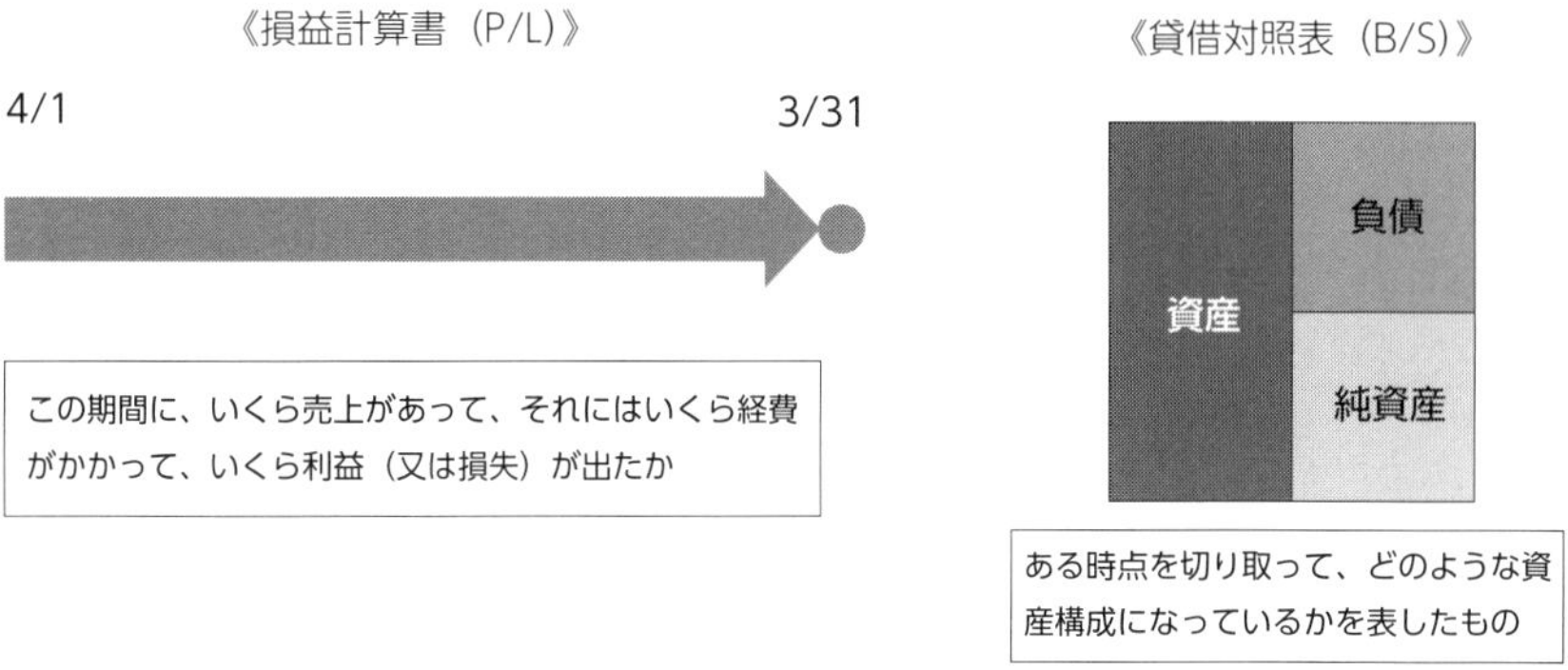
《損益計算書（P/L）》
4/1
3/31
この期間に、いくら売上があって、それにはいくら経費がかかって、いくら利益（又は損失）が出たか
《貸借対照表（B/S）》
資産
負債
純資産
ある時点を切り取って、どのような資産構成になっているかを表したもの

損益計算書とは、企業の、ある一定期間における収益と費用の流れを表したものです。いくら売上があって、いくら経費がかかって、その結果いくらの利益（又は損失）が出たかを記したものです。これに対して貸借対照表とは、企業の、ある一定時点における資産、負債、純資産の状態が、ある時点でどのような資産構成になっているかを切り取って表したものです（図10）。

ここではまず、貸借対照表の「純資産」の部分に注目しましょう。

例えば、手元に1億円を持っているとします。そのうち、2000万円は借金で、8000万円は自分で貯めてきたお金だったとします。この場合、資産1億円が「負債：2000万円」と「純資産：8000万円」で構成されていることになります。

純資産とは資産のうち、「誰かに返さなくていいものと、これまでの利益の合計」を指します。純資産のことを「自己資本」という場合もあり、一方の負債は「誰かに返さなければならないもの」として「他人資本」という表現をすることもあります。ちなみに相続税が課税されるのは、相続税評価に基づく純資産の部分です。よって、純資産を減らせば相続税も下がることになります。

例えば、贈与により現預金を相続人などに分配する手段は、資産を少なくし、純資産の部分を圧縮する手段です。ご自身の純資産を減らすことには抵抗があるかもしれませんが、相続という次世代までの資産の流れを考えた場合、有効に働くこともあります。その場合、「純資産を減らす」というよりも、**「純資産を引き継ぐ」**というように捉えましょう。

資産を守りたい、増やしたいと考えるのであれば、相続税を計算する際の評価ではなく、現金化したらいくらという評価の貸借対照表（B／S）の純資産を守ることを意識すべきです。

相続税を計算する際の評価は下げ、現金化した時の価値は下げないということが節税につながります。相続税を下げるために、現金化した時の価値も下がってしまっている……というのは節税ではありません。

2 「対症療法」は良策にならない――「複数年度」で考える

テレビやネットなどで、相続の際の遺産分割でもめて大変なことになったという事例を目にすることがあるかと思います。多くの場合、「このようなことを回避するために遺言書を作成し、残された人たちへしっかりとした道筋を立ててあげましょう」というようなことが解決案として取り上げられます。たしかにそのとおりなのですが、いきなり遺言書の作成に取り掛かるのは危険です。相続対策は、現在と将来にわたる計画を基に、全体のバランスを見て組み立てなければなりません。それにはまず、ご自身がどのような状況に置かれているかについての、しっかりとした分析が必要です。

例えば、遺産分割を考える時に、収入は年金だけの人が、年金以上の支出をしていれば財産額は変わります。そのため、財産額が変わることを前提に遺言の書き換えを検討する場合もあります。

ほかにも、相続税の納税資金を確保する対策では、収入と支出のバランスで現金は増えるのか減るのか、収入と支出のバランスで財産が変わることで相続税が変わるのかによって、今は相続税の納税資金があっても、5年後、6年後には相続税の納税資金が足りなくなるなどという事態もあり得ます。

相続税の納税資金でいうと、ほかにも、10年前に借入をして不動産を購入したが、時間とともに借入残高が減り、純資産が増え、結果的に相続税も増えるという場合もあります。

このように、相続対策は、『今』だけを切り取る対策では、不十分です。そのため、『**複数年度』で考えること**が重要です。

その際に重視するのが、まずは現状をしっかりと分析することです。そして、そこから得られる課題に対する対策案を考えてシミュレーションします。

今だけを切り取った現状の分析だけでは十分な対策を講じることはできません。複数年にわたる将来的な予測を行い、対策を行った場合と行わなかった場合のシミュレーションをする必要があります。次のように図に表してみると、より分かりやすくなるでしょう(図11)。

相続対策は**相続発生までの期間が長ければ長いほど、多くの対策を講じることができます**。中には、養子縁組のような即効性のある対策(図の「対策A」の例)もありますが、賃貸不動産経営(図の「対策A・B」の例)のように、複数年にわたって実行することで、より効果的になるものもあります。また、複数年にわたる計画を立てることにより、「収支」「資産」「相続税」がどのように変化していくのかを時系列で捉えることができます。

図11　相続対策を講じた場合と講じなかった場合のシミュレーション

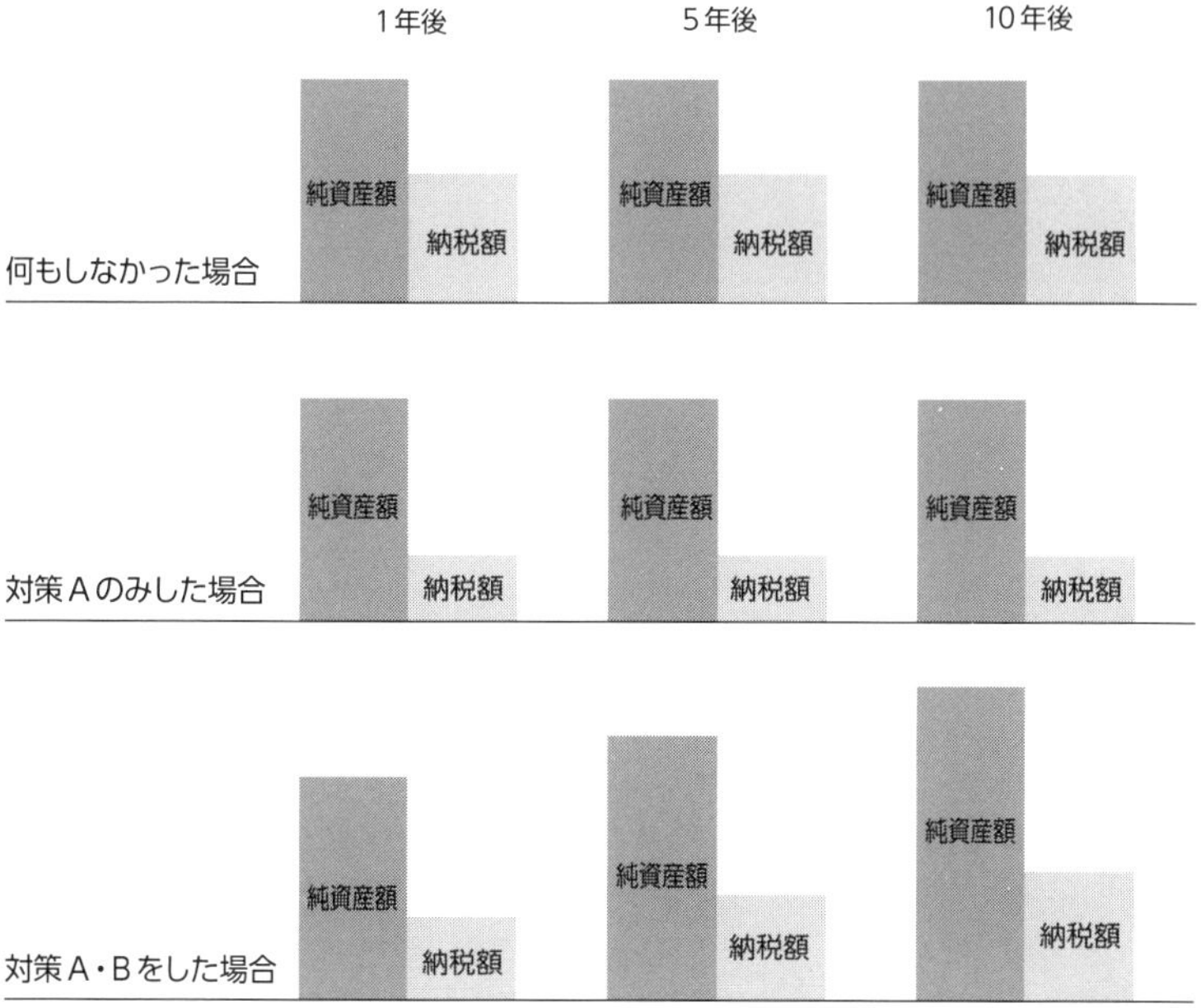

さらに、相続人や家族の状況も計画に組み込んでおく必要があります。例えば、現在親が65歳で子が35歳とします。10年後には親は75歳です。判断能力や健康状態に変化があってもおかしくない年齢になります。親の年齢、子の年齢、不動産の築年数など、時間とともに状況は刻一刻と変わっていきます。その中で相続対策の目的をしっかりと見据え、これらのリスクに備える必要があります。この場合、認知症対策を計画に組み込んでおくことも必要でしょう。

複数年度の分析を行い、課題を見つけ、対策案をリストアップし、優先順位を立て、課題を一つひとつクリアしていくことで、対症療法ではない、根治療法の対策を行うことができます。

3 相続の肝は不動産――大切なものを守るために

日本では、相続財産に占める不動産の割合がほかのそれぞれの財産に比べて最も多く、国税庁が公表している2017年度の相続財産の金額の構成比を見てみると、全体の42％にもなります（グラフ1）。

これは相続税評価額での構成比です。一般的には不動産の時価が相続税評価額より高くなることが多いため、相続財産を時価の割合で見ると50％以上は不動産であると考えられ、相続財産の

グラフ1　相続財産の金額の構成比
（2017年度）

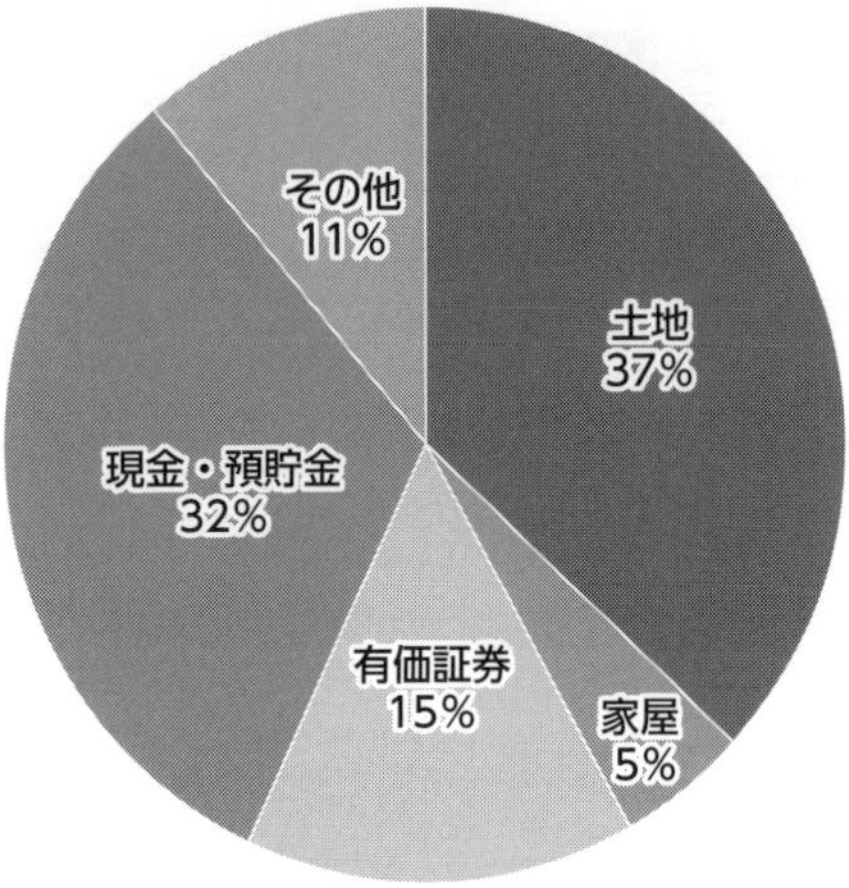

参照元：国税庁

過半数を占めることになります。そのため、遺産分割の問題も、相続税の問題も、半分は不動産が原因といえるでしょう。不動産の対策をどのように行うかが、相続対策を進める上で重要になります。

不動産は基本的に切り分けが難しく、仮に分けることができても、1つの時に比べ、2つにした時のほうが、価値が下がる場合もあります。そのため、土地を切り分けずに、所有権を共有で取得することもできますが、不動産を売却したり、大規模修繕工事をするには、原則として所有者全員の合意が必要です。

売却するにしても、まだ売りたくなかったり、大規模修繕工事をする場合でも、お金を貯めていない共有者がいるなど、話がまとまらないケースが多く見受けられます。

また、話がまとまらないため共有にした状態で、さらに相続が発生し、共有者がネズミ算的に増えた場合、不動産が使い物にならなくなってしまいます。不動産の共有持分を売却することは可能ですが、実務上はほかの共有者に買い取ってもらったり、訳あり不動産を買う不動産業者に売ることになり、売買価格もかなり低くなりがちです。そのため、共有せずに済むための対策が必要になります。

相続税に関しても、節税対策に固執するあまり、結果的に資産を目減りさせてしまうケースがあります。例えば、土地の相続税評価額を下げようといびつな形に分割してしまった場合、確かに相続税は下がるかもしれませんが、実際に売ろうとしたとき、その地域の需要に応じた面積や形状でなかった場合、とうてい周辺並みの価格では売れなくなってしまいます。

このようなことを避けるために、時価と相続税評価額を分けてはっきり認識した上で対策を検討すべきです。不動産はほかの資産と違い、評価方法により大きく価値が変わってくるため複雑ではありますが、この違いを把握することが不動産の相続対策におけるスタート地点ともいえます。

さらに不動産は、何もしていない更地状態の土地でも固定資産税というコストがかかります。また、誰も住んでいない空家であっても、火災保険料などの費用が発生します。このように、活用していなくてもコストだけがかかるものがある一方で、あまり手をかけなくても固定収入が入ってくる収益不動産のようなものもあります。

このほかよくあるのが、親が残してくれたものだから、先祖代々引き継いできたものだから、という気持ちに執着し過ぎるケースです。このようなケースでは、不動産を守ろうとする想いや行動が裏目に出て、多くのものを失うことがあります。確かに、守っていきたい気持ちは分かります。しかし、結果として多くの財産を失い、その不動産すら失ってしまったり、かけがえのない家族の仲が悪くなってしまっては意味がありません。守りたいものがあるのであれば、それを守るための対策が必要です。そのためには、現状で考え得る選択肢を確認し、何も行わなかった場合、行った場合のシミュレーションをして、最善の対策をしていく必要があります。それによって、守りたいものが守れるのです。

守りたいものを守るために必要な分析をする際には、不動産を自分で使ったらどうなるか、売却したらどうなるか、貸したらどうなるか、という選択肢や、アパートやマンションなどの不動産を買い増ししたらどうなるかという**選択肢が与える影響を明確な数値で把握する**必要があります。その検討に必要な知識を次節以降でお伝えします。

4 家賃から税引き後の収入を出すまでの流れ
――「キャッシュフローツリー」を知る

不動産を保有し、誰かに貸している場合、その不動産から収益を得ることで資産を増やすことが可能です。資産を増やすことが可能といっても、必ず増えるわけではなく、減ってしまう人もいます。そのため、資産を増やす運用方法として、効率が良いかどうかの物差しが必要です。アパートやマンションなどの収益不動産は、家賃収入などから得られる収益を基に収益率を測ります。収益不動産を購入する場合によく耳にするのが「表面利回り」という言葉です。

表面利回り ＝ 満室想定賃料 ÷ 物件価格

これは賃貸物件が満室の状態の想定利回りであり、多くの方が収益不動産を購入される場合に参考にしていると思います。しかし、これらの指標を鵜呑みにしてしまうと、不動産経営で大きな失敗をしてしまう可能性があり、資産を減らしてしまうことにもなりかねません。

表面利回りは、あくまで満室の場合と仮定している指標で、空室があった場合の収入減や運営コストを考慮していません。空室率が高いエリアでしたら空室の損失は大きくなりますし、古い物件の場合には修繕費にかかる金額が大きくなります。大事なのは、適切な空室率と運営費を考慮した物件の本当の収益力です。

そこで必要になるのが「キャッシュフローツリー」です。

キャッシュフローツリーとは、年間のお金の流れのことで、不動産投資において実際手元にいくら残るのかを表したものです。キャッシュフローツリーは、利益率を算出したり、投資期間全体の効率を測る上で、基礎的な指標にもなります。従って、キャッシュフローツリーが分からないと分析ができません。その結果、表面利回りのみを判断基準にして不動産経営を行い、大きな失敗をしてしまう危険性を高めてしまいます。

そうならないためにも、この章でしっかりとキャッシュフローツリーを覚えましょう。キャッシュフローツリーによる分析は一つひとつの項目をしっかりと理解していけば、決して難しいものではありません（表4）。

では、キャッシュフローツリーの項目ごとに解説していきます。

表4　キャッシュフローツリーの構成

	① 総潜在収入（GPI）
±	② 賃料差異
−	③ 空室損
＋	④ 雑収入
＝	⑤ 実効総収入（EGI）
−	⑥ 運営費（OPEX）
＝	⑦ 営業純利益（NOI）
−	⑧ 年間負債支払額（ADS）
＝	⑨ 税引前のキャッシュフロー（BTCF）
−	⑩ 税金
＝	⑪ 税引後のキャッシュフロー（ATCF）

①総潜在収入（ＧＰＩ）

現在の市場家賃で稼働率１００％の場合に得られる賃料です。滞納や空室は考慮しません。「市場家賃＝いま貸すことができる賃料」になりますので、現在契約している賃料ではない点に注意してください。

②賃料差異

現在契約している賃料と市場で貸せる賃料

（GPI）との差額です。例えば、月々6万円で貸せる物件（総潜在収入［GPI］年額72万円）を月々5万円×12カ月＝60万円で貸している場合は、72万円－60万円＝12万円のマイナスの賃料差異が発生します。逆に月々7万円で貸している場合は、12万円のプラスの賃料差異が発生します。

賃料差異を確認することで、高く貸している部屋は将来、借家人が退出した時に賃料が下がることが予想できますし、安く貸している部屋は退出後に相場賃料に上げることができそうだと予想できます。

③空室損

空室によって得られなかった賃料の損失です。各エリアによって空室率は変化します。空室率は、地方や郊外のほうが高くなる傾向はありますが、経営方法や任せる管理会社によって結果は大きく違ってきます。

④雑収入

コインランドリーや自動販売機、携帯電話のアンテナなどの賃料以外の収入です。

⑤実効総収入（EGI）

①総潜在収入（GPI）±②賃料差異－③空室損失＋④雑収入＝⑤実効総収入（EGI）になります。

管理会社を経由しない場合は、実際に口座に入金される金額です。

⑥運営費（OPEX）

物件を運営していくためには経費が発生します。

具体的には、固定資産税・火災保険料・水道光熱費・清掃費用・管理会社手数料・原状回復費用・業者へ支払う広告料などです。

これらは管理会社によって価格が変わります。

⑦営業純利益（NOI）

⑤実効総収入（EGI）－⑥運営費（OPEX）＝⑦営業純利益（NOI）になります。

満室収入から損失や経費を引いた、実際に収入として入ってくる営業純利益であり、物件の本当の収益力が分かります。これも、管理会社によって大きく結果が変わってきます。

次章以降の分析等でも、営業純利益（NOI）は多く取り上げられます。しっかりと覚えておきたい重要な項目です。

⑧年間負債支払額（ADS）

金融機関への年間返済額です。これには金利も含みます。

⑨税引前のキャッシュフロー（BTCF）

⑦営業純利益（NOI）－⑧年間負債支払額（ADS）＝⑨税引前のキャッシュフロー（BTCF）になります。

税金を納める前のキャッシュフローです。ADSの金額が大きいと、収入よりも支出が大きい「手出し」の状態になってしまう可能性もありますので、その場合には借入条件の見直しなどが必要です。

⑩税金

所得税、住民税（個人事業主の場合）、法人税等（法人の場合）などです。

⑪税引後のキャッシュフロー（ATCF）

⑨税引前のキャッシュフロー（BTCF）－⑩税金＝⑪税引後のキャッシュフロー（ATCF）になります。

税金を納めた後のキャッシュフローで、実際にオーナーの手元に残るお金です。

以上がキャッシュフローツリーの一連の流れになります。各項目の意味を把握していれば、あとは単純な足し算と引き算になることがお分かりいただけるかと思います。

キャッシュフローツリーはさまざまな分析の基礎データにもなりますし、収益改善においても非常に役に立ちます。運営費が高すぎないか？　賃料差異が大きく、安く設定しすぎて貸していないか？　返済額を抑えたほうがいいのか？。いろいろな角度から分析することができるようになります。

IREM JAPANという団体が毎年、「全国賃貸住宅実態調査」という資料を作成・公開しています。各地域における運営費率などの水準が実際にどのくらいのものなのかを知ることができますので、ぜひ参考にしてみてください（https://irem-japan.org）。

5 収益率の測り方の基本 ―― 単年で見たときのさまざまな利益率

前節で、表面利回り（満室想定賃料 ÷ 物件価格）では空室や運営費が考慮されていないため、不動産経営において大きな失敗をしてしまう可能性があることをお伝えし、それを防ぐために物件の収益力を測ることができるキャッシュフローツリーを紹介しました。表面利回りも収益物件の投資効率を測る指標の一つですが、キャッシュフローツリーによって現れる数値を基に、投資効率をさらに深く知ることができます。

ここでは収益率の測り方の基本と、単年で見たときのさまざまな利益率についてご紹介します。まずは図12をご覧ください。

利益率・価値・収入の関係は図のようになっています。これをふまえると、どこかの値に変化が起きれば、そのほかの2つの値にも影響が出ます。

この利益率にはさまざまな種類があります。これは、価値と収入にどの値を用いるかによって変わってきます。次に、投資分析で使用する利益率について説明します。

図12　利益率・価値・収入の関係

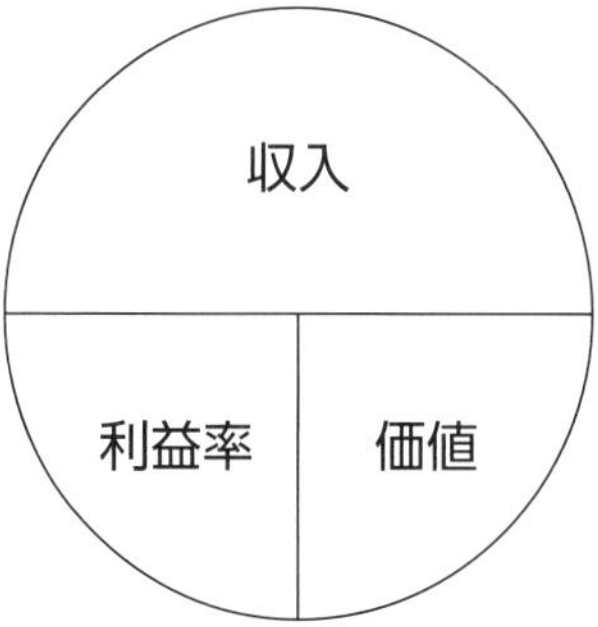

- 利益率＝収入 ÷ 価値
- 価値　＝収入 ÷ 利益率
- 収入　＝価値 × 利益率

利益率・価値・収入の関係はこのようになっています。これをふまえると、

パターン	利益率	価値	収入
利益率の上昇		↓ダウン	↑アップ
利益率の下降		↑アップ	↓ダウン
価値の上昇	↓ダウン		↑アップ
価値の下降	↑アップ		↓ダウン
収入の上昇	↑アップ	↑アップ	
収入の下降	↓ダウン	↓ダウン	

表面利回り《総潜在収入（GPI）÷物件価格》

前節でもご紹介した、日本では一般的に使われている利益率です。通常「利回り」と言えば、たいていはこの表面利回りを指します。収入は満室時の年間家賃収入を用いており、空室や運営費などは反映されていません。

キャップレート＊1《営業純利益（NOI）÷物件価格》

表面利回りと異なり、収入は空室損や運営費などを反映させた営業純利益（NOI）を用います。物件自体が持つ力を表した利益率といえます。「還元利回り」や「NOI利回り」という言い方もありますが、全て同義語です。

総収益率（FCR）《営業純利益（NOI）÷（物件価格＋諸費用）》

投資家が、全額自己資金で物件を買った場合の購入諸費用まで含めた利益率を指します。

自己資金配当率（CCR）《税引き前のキャッシュフロー（BTCF）÷自己資金》

例えば、1億円の物件を借入8000万円、自己資金2000万円で購入した場合、この2000万円に対する単年度のリターンを測ったものです。収入には営業純利益（NOI）から年間負債支払額（ADS）を差し引いた税引前のキャッシュフロー（BTCF）を用いますが、所得税などの税金は反映されていません。「キャッシュ・オン・キャッシュ」や「自己資本収益率」といった言い方もします。

効率を測る際は多方面から検討する必要があるので、以上は全て必要な考え方だといえます。利益率を算出するためには前節のキャッシュフローツリーによる分析が必要です。キャッシュフローツリーを用いることで、自分の不動産だけではなく、他者の不動産と同じ尺度で利益率を比較することができます。

ただし、これらは全て単年度における入口（購入時）と賃料等の収入だけを見たものです。不動産投資にとって非常に重要な**出口（売却など）戦略**を検討していません。

不動産投資は複数年の中長期にわたることが多いですし、仮に単年度で完結するような話であっても出口戦略を計画的に組み込んでおく必要があります。次節では複数年にわたり、かつ出口戦略まで組み込んだ収益率をご紹介します（出口戦略については、第4章の9「相続税支払い後の純資産を増やす」をご参照ください）。

＊1 キャップレート――不動産の収益性を表した利率を指し、不動産価格を算出するときに用いられる。「還元利回り」や「不動産投資の期待利回り」などのこと。

6 利回り――複数年かつ出口戦略までを組み込んだ収益率

そもそも皆さんはなぜ不動産投資、賃貸経営をするのでしょうか？ やはりそれは、資産を増やしていきたいためではないでしょうか？ 資産を増やすには、株や債券などの投資商品と比較して、自分に合った方法で資産運用を選択する必要があります。

第3章

グラフ２　「単利」と「複利」

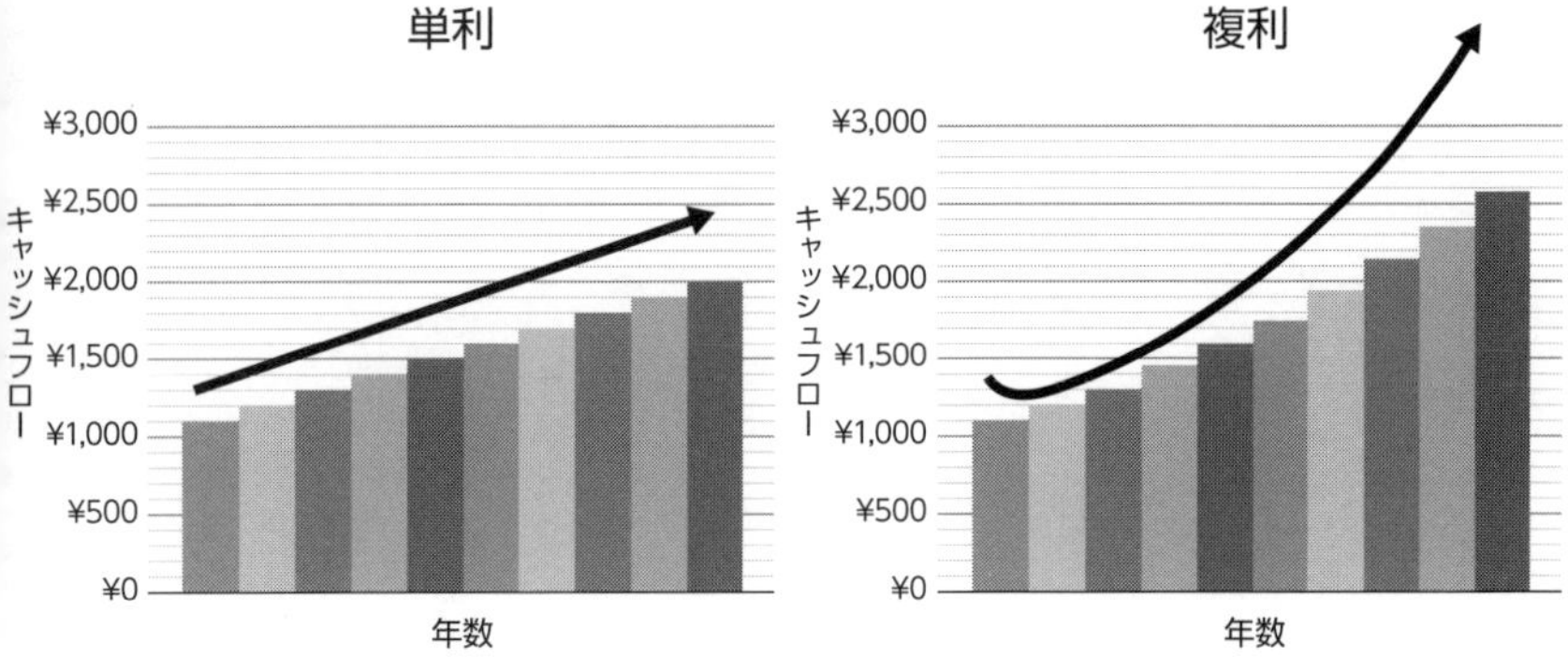

前節では不動産に関するさまざまな利益率を紹介しました。しかしながら、これだけでは株や債券などのほかの商品との投資効率を比較することはできないのです。なぜなら、前節の利益率の中では「複利」や「出口」という観点が含まれておらず、これらを含めて比較検討する必要があるからです。

ではまず「複利」について考えていきましょう。例えば銀行預金も一つの金融商品と考えた場合、「金利：1％」と言えばほとんどの場合が「単利」ではなく「複利」を指します。銀行にお金を預けていると、これに金利が上乗せされてきます。

例えば、定期預金金利：1％の場合、100万円を1年間預けていると1年後には101万円になっており、1万円の利息がもらえるような感じです。では、その口座に手を付けずにそのままにしておいたとして、その翌年にはいくらになっているでしょうか？　通常の場合102万円ではなく、102万10円になります。この10円の正体は、1年目に生まれた利息に対しての利息分です。

このように、投資元本だけではなく、そこから生まれた利息についてもさらに利息が生まれていくものを「複利」といいます（グラフ2）。反対に、投資元本のみに利息が付与されるものは「単利」といいます。株式や投資信託、国債など、多くの資産運用はこの複利で運用されています。仮に、今から何か投資をしようと考え、不動産投資もその一案として挙がった場合、ほかの投資案件と効率を比較するためには不動産投資にもこの「複利」の考え方が必要になってきます。

また、不動産投資から得られる利益は賃料収入だけではありません。もし数年後、その不動産を売却し、利益（または損失）が出るようであれば、それも当初から想定に入れ、収益率に組み込んでおく必要があります。

例えば、収益物件を5年間保有し、5年目の末に売却する想定であれば、5年目の収支は「賃料収入＋売却損益」となります。

表5をご覧ください。このように初期投資額に対して、毎

表5　初期投資額と利益

初期投資額	-1000		
1年目 CF	200		
2年目 CF	300		
3年目 CF	150		
4年目 CF	200		
5年目 CF	280	売却益	500

内部収益率（IRR）：15.05%

年生まれるキャッシュフロー（CF）と売却損益を算定し収益率を算定するようなかたちです。この収益率のことを「内部収益率（IRR）」といい、ここまで算定して初めて、ほかの金融商品などと収益率を比較することができます。ちなみに、この5年間想定の内部収益率は15・05％となりました。

この内部収益率は表計算ソフト「Excel《エクセル》」や金融電卓などで算定できます。

7 レバレッジ――てこの原理

相続対策の現場では、借金＝相続対策だと思っている地主さんや資産家さんが多くいらっしゃいます。また、残念ながら節税対策と勘違いして顧客に提案している建築会社も多く見受けられます。

しかし、**借金＝節税対策はまったくの間違い**です。

図13は、もともと資産が1億円あった方が、新たに5000万円の借金をした場合の資産の額を表したものです。ご覧いただくと、借入前と、借入後の純資産にまったく変わりがないことが分かると思います。純資産に変わりがないということは、相続税にも変わりがなく、節税対策にはなっていません。

図13　借入前（左）と、借入後の純資産（右）

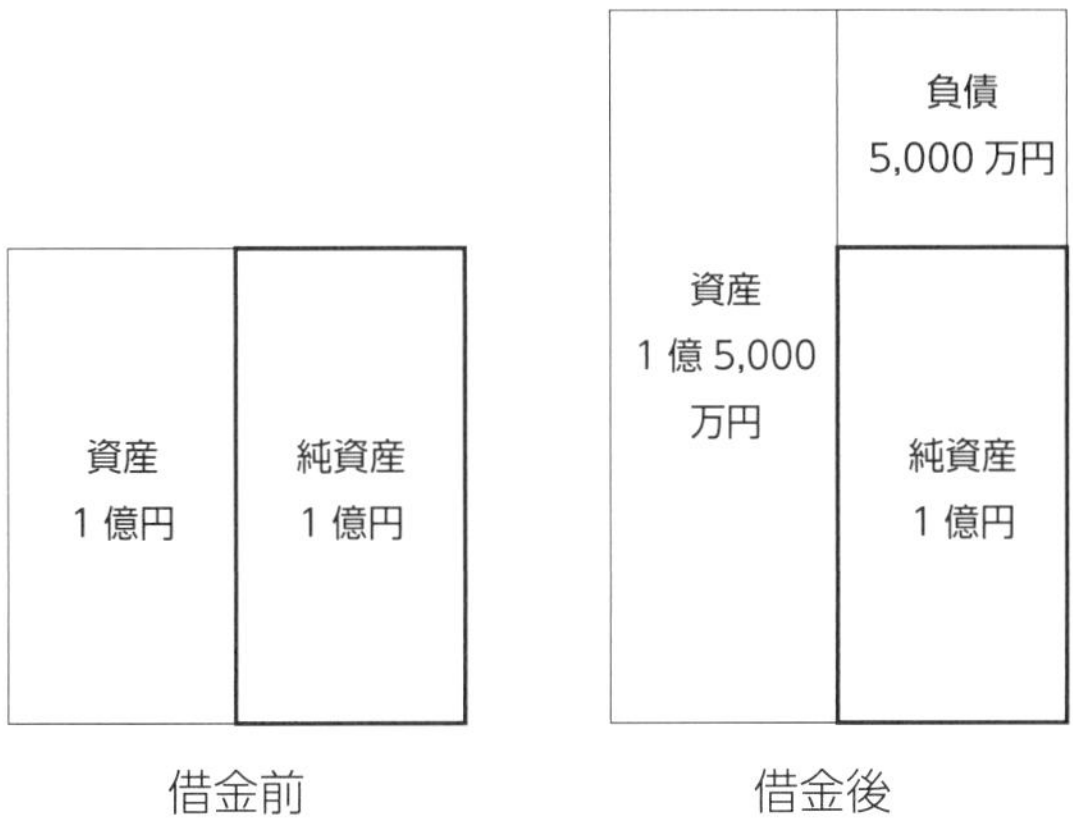

ではなぜ借金＝相続対策と勘違いしている方が多いのでしょうか？　それは、節税対策としてアパートを建築する際は、銀行からの借入を利用することが多いからです。相続税の計算時に債務は控除されるということなどから、勘違いしている方が多いと考えられます。節税効果というのは、例えば５０００万円で建てたアパートが、相続税の計算上は２０００万円で評価されることによって節税されているように見える（実際には節税にならないケースがほとんどです。内容については後述します）のであって、**借金自体に節税効果があるわけではないという点に注意**してください。

アパート建築のための借金は、あくまでも不動産投資の収益率を高めるための一つの手段です。この節では不動産投資の収益率を高めるた

表6　1億円のアパートのキャッシュフローツリー
（現金購入の場合）

	総潜在収入（GPI）	1,000 万円
±	賃料差異	0 万円
−	空室・滞納損	50 万円
＋	雑収入	0 万円
＝	実効総収入（EGI）	950 万円
−	運営費（OPEX）	250 万円
＝	**営業純利益（NOI）**	**700 万円**

めの「**レバレッジ**」について説明します。

レバレッジとは「てこの原理」を意味します。不動産投資の世界では、**他人資本**（**銀行融資など**）**を使うことで自己資本**（**購入時の自己資金**）**に対する収益物件からの収益率を高める**（低くなる場合もある）ことができ、これをレバレッジ効果といいます。不動産投資では、レバレッジを理解することによって銀行融資と自己資金をどのように組み合わせれば自己資金を有効に活用できるか、そしてリスクを抑えながらより多くの収益を得られるかを見極められるようになってきます。

レバレッジの効果を確認するには、現金で購入した場合と、銀行融資を利用した場合の2つのパターンで自己資金に対する利回りを比較する必要があります。

1億円のアパートを購入する場合の事例を基に、

表7　1億円のアパートのキャッシュフローツリー（銀行融資の場合）

	総潜在収入（GPI）	1,000万円
±	賃料差異	0万円
−	空室・滞納損	50万円
＋	雑収入	0万円
＝	実効総収入（EGI）	950万円
−	運営費（OPEX）	250万円
＝	営業純利益（NOI）	700万円
−	年間負債支払額（ADS）	354万円
＝	**税引前のキャッシュフロー（BTCF）**	**346万円**

本章の④で説明したキャッシュフローツリーを使いながら、レバレッジの効果を見てみましょう。

まずは、単年度でのレバレッジについてです。

表6が1億円のアパートのキャッシュフローツリーです。このアパートを現金のみで購入した場合の利回りは、左記になります。

税引前のキャッシュフロー700万円　÷　自己資金1億円　＝　自己資金利回り7％

では、銀行融資を利用した場合はどうなるでしょうか？

融資条件は、融資額8000万円、金利2％、融資期間30年、年間負債支払額354万円、元利均等払いです。

表7のとおり、銀行融資を利用する場合には、税

表８　銀行融資を利用した場合の自己資金配当率

	① 自己資金	② 銀行融資	③ 営業純利益 (NOI)	④ 年間負債支払額 (ADS)	⑤ 税引前の キャッシュフロー (BTCF)	**自己資本 配当率 (CCR)**
現金のみで購入	1 億円	0 円	700 万円	0 万円	700 万円	**7%** (⑤÷①)
銀行融資を利用して購入	2,000 万円	8,000 万円	700 万円	354万円	346 万円	**17.30%** (⑤÷①)

引前のキャッシュフローまで計算します。アパート価格1億円のうち、自己資金は2000万円、銀行融資は8000万円になります。この場合の利回りは左記の計算と表8になります。

税引前のキャッシュフロー346万円 ÷ 自己資金2000万円 ＝ 自己資金配当率（CCR）17・3％

比較すると、現金のみで購入した場合の自己資金の利回りは7％でしたが、銀行融資を利用した場合の利回りは17・30％となっています。銀行融資を利用した場合のほうが、自己資金に対する利回りが約2・4倍に上がっており、レバレッジがプラスに働いている状態です。ここでレバレッジ効果を測定した利回りは、本章5の「利益率」に出てきた自己資金配当率（CCR）のことです。

次に、前節で説明したIRRでレバレッジの効果を見てみます。融資条件などは同じとし、売却価格は1億円、営業純利益（NOI）などに変動はない前提で効果を確認しましょう（表9、表10）。

表９　自己資金のみで購入（金額：万円）

自己資金	銀行融資
10,000	0

年度	支出	営業純利益 (NOI)	売却損益	合計
0年度	-10,000			-10,000
1年度		700		700
2年度		700		700
3年度		700		700
4年度		700		700
5年度		700	10,000	10,700

IRR	7.00%

表10　銀行融資を利用して購入（金額：万円）

自己資金	銀行融資	金利	借入期間	年間負債支払額	返済方法
2,000	8,000	2.0%	30年	354	元利均等

年度	支出	営業純利益 (NOI)	年間負債支払額 (ADS)	税引前のキャッシュフロー (BTCF)	売却価格	ローン残高	売却損益	合計
0年度	-2,000							-2,000
1年度		700	354	346				346
2年度		700	354	346				346
3年度		700	354	346				346
4年度		700	354	346				346
5年度		700	354	346	10,000	6,976	3,024	3,370

IRR	23.70%

比較すると、現金のみで購入した場合の自己資金の利回りは7％でしたが、銀行融資を利用した場合の利回りは23・70％となっています。銀行融資を利用した場合のほうが、自己資金に対する利回りが約3・3倍に上がっており、レバレッジがプラスに働いている状態です。

このように、銀行融資を利用することによって、少ない自己資本でより大きな利回りを得られることを「レバレッジがプラスに働いている」と表現します。

では自己資本を極力少なくして、より多く銀行融資を受けて投資をすればいいのでしょうか？

資金を少なくした場合、営業純利益（ＮＯＩ）に対して年間負債支払額（ＡＤＳ）の割合が高くなってしまいます。将来的に賃料収入の減少や、運営費の上昇などがあると、収入額に対して返済額が上回ってしまうようなことにもつながります。ある程度のリスクを見込んでも、返済額が収入額を超えるようなことがないように、自己資金と銀行融資のバランスを考慮することが大切だということになります。

また、銀行融資を利用すれば必ずレバレッジがプラスに働くわけではありません。銀行融資の条件次第では、現金購入よりも自己資金の利回りが低くなることもあり、レバレッジはプラスにも、マイナスにも働きます。レバレッジがどのように働いているかを、その都度必ず確認してください。

レバレッジを上手に使うことができれば、資産が積みあがるスピードも速くなります。不動産投資は数ある投資商品の中でも、銀行から融資を受けることができる数少ない投資ですので、正しいレバレッジの考え方を押さえておいてください。

8 資産全体の効率——効率を確認するための「ROA分析」

前節までは、不動産単体の収益率の話でしたが、この節では資産全体での収益率を説明します。資産の中の一部の収益率が良くても、資産全体に対しての収益率が低ければ、資産を増やしていくことは難しく、相続の度に資産を減らしていく可能性も高くなります。

よく、地主は三代で資産を失うといわれたりしますが、その原因は、資産全体の収益率が低く、相続が発生するまでに、相続税の分まで資産が増えていない点にあります。

現在の資産全体の効率を早くから認識することによって、今後資産を増やしていく（もしくは減らさないようにする）さまざまな対策を検討していくことが可能となります。

資産全体の効率を確認するには「**ROA分析**」という手法が役に立ちます。

ROAとは収益性を分析する指標の一つで「総資産利益率」ともいいます。通常は、企業

図14　営業純利益（ＮＯＩ）**と総資産額**（時価）

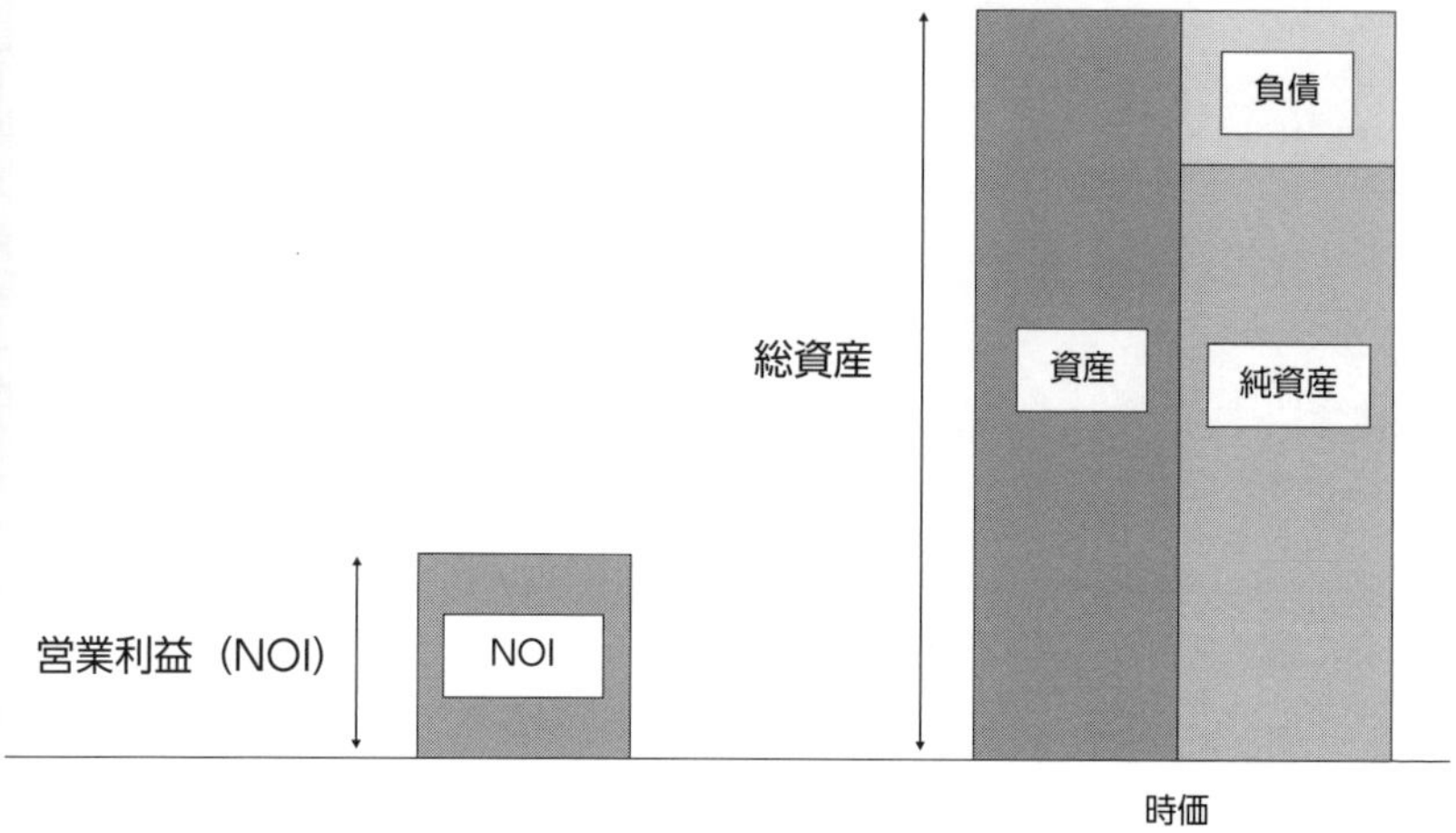

が**持っている資産を利用してどの程度の利益を出しているのか**を示す指標ですが、これは個人（地主・資産家）の総資産に対する収益率を測る場合にも準用できます（図14）。

個人のＲＯＡを求める式は、

営業純利益（ＮＯＩ）÷総資産額（時価）＝ＲＯＡ（総資産利益率）

となります。

投資用不動産単体での収支や利益率を計算している方はいらっしゃいますが、資産全体から計算している方はとても少ないです。特に、相続対策においては資産全体から検討する必要があります。では、実際のＲＯＡ分析表を見てみましょう（表11）。

表11　ＲＯＡ分析表（金額：万円）

①	②			③	④	⑤	⑥
資産名	時価評価			収入	支出	営業純利益(NOI)	ROA
	土地	建物	合計				
現金			5,000	0	0	0	0.0%
株			1,000	0	0	0	0.0%
投資信託			1,000	0	0	0	0.0%
生命保険			2,000	0	0	0	0.0%
自宅	3,000	1,000	4,000	0	70	-70	-1.8%
畑	3,000		3,000	0	30	-30	-1.0%
貸家（戸建）	1,000	500	1,500	100	20	80	5.3%
貸家（区分マンション）	500	1,500	2,000	100	40	60	3.0%
アパート（築30年）	3,000	2,000	5,000	300	100	200	4.0%
アパート（築3年）	10,000	10,000	20,000	1,600	240	1,360	6.8%
月極駐車場	1,000		1,000	40	20	20	2.0%
合計	**21,500**	**15,000**	**45,500**	**2,140**	**520**	**1,620**	

ROA（営業純利益合計÷時価評価合計）	**3.6%**

表11のように、表に入力して確認することでそれぞれの資産の収支が一目瞭然となり、資産全体に対する収益率を確認できます。さらに、資産ごとの収益率を簡易的に比較することも可能です。

また、時価に対するROAとは別に、相続税評価額総額に対するROAも一緒に計算すると、時価が相続税評価額を上回っているかが確認できるようになります。相続税評価額総額に対するROAが低いということは、相続税納税資金が確保できなくなる可能性があります。

例えば、郊外の広い土地などは注意が必要です。一見、アパート建築などに向いていそうですが、立地条件が悪い場合、一括で購入する個人を探すには難しい場合があります。このような土地を売却するには、分譲戸建用地として不動産分譲業者に買ってもらうしかないケースがほとんどでしょう。

その場合、土地の相続税評価額よりも分譲業者による買取り価格が下回ってしまう場合が多くあります。つまり相続税評価額より時価が低いということです。

相続税評価額よりも時価が低く、収益の少ない不動産を維持していれば、時価に対して過大な相続税の負担をしなければならないことになりかねません。

そのような不動産を維持する特別な理由がなければ、生前にその土地を売却し、その資金で立地条件が良い区分のマンションを購入したり、1棟の賃貸マンションやアパートを購入したりする選択肢もあります。

相続税評価額よりも時価が低く、収益を生まない不動産を保有するということは、相続が発生し、納税の度に資産が減っていくことにつながります。資産を守るためにはどの不動産を残すかの判断が必要です。

第4章では不動産の組み換えについて説明しますが、ROA分析は、どの不動産を組み換えるかの判断をする際にも利用できます。

第3章のまとめ

本章で紹介した内容を難しく感じる方も多いと思います。ですが、安心してください。全てを自分で覚えてマスターするに越したことはありませんが、マスターできなくても大丈夫です。大切なのは、紹介したこれらの方法やツールがあるのを知ることにあります。そして、このような知識を使いながら、**あなたを相続対策の成功に導いてくれる専門家を探すこと**です。専門家選びの際に、このような知識を用いて対策をしてくれるか否かが分かれば、それだけでも相続対策の成功への第一歩になります。

第4章からは、あなたを相続対策の成功に導く、実際に行う相続対策の内容について詳しくお伝えします。

第4章

ここを押さえておけば安心。相続対策のポイントを全解説

ここまで、相続対策を行う前に必要な基礎知識や分析方法についてご紹介してきました。第４章では、基礎知識や分析によって得られた課題や問題に対して行う、相続対策の具体的な対策内容やその進め方についてお伝えします。

1 対策のポイント――相続対策を一緒に進める専門家の選定

相続対策は、相続人同士の争いを防ぐための「遺産分割対策」、支払う相続税額を少なくするための「節税対策」とその相続税を支払うための資金を準備しておくための「納税資金対策」の大きく3つに分けられます。これらの相続対策は相続時の問題を解決する一つの手段であり、一点だけにとらわれて対策を行うと大きな間違いを起こしてしまうことがあります。

例えば、遺産分割対策として不動産を売却して現金に替えれば、現金は分割しやすいので遺産分割対策としては有効になるケースがあります。しかしながら、不動産の売却により相続税評価額が増える場合においては、相続税額が売却前より高くなることがあり、節税対策としては不利になります。

このように、一方から見ると効果はあっても、もう一方から見ると逆効果になることが多いので、どの対策を行う場合であっても「総合的な視点から分析・判断する」ことが大切です。

対策を進めるうえで重要になるのが、相続対策を一緒に進める専門家の選定です。さま

図 15　相続に関わる主な専門家とその業務

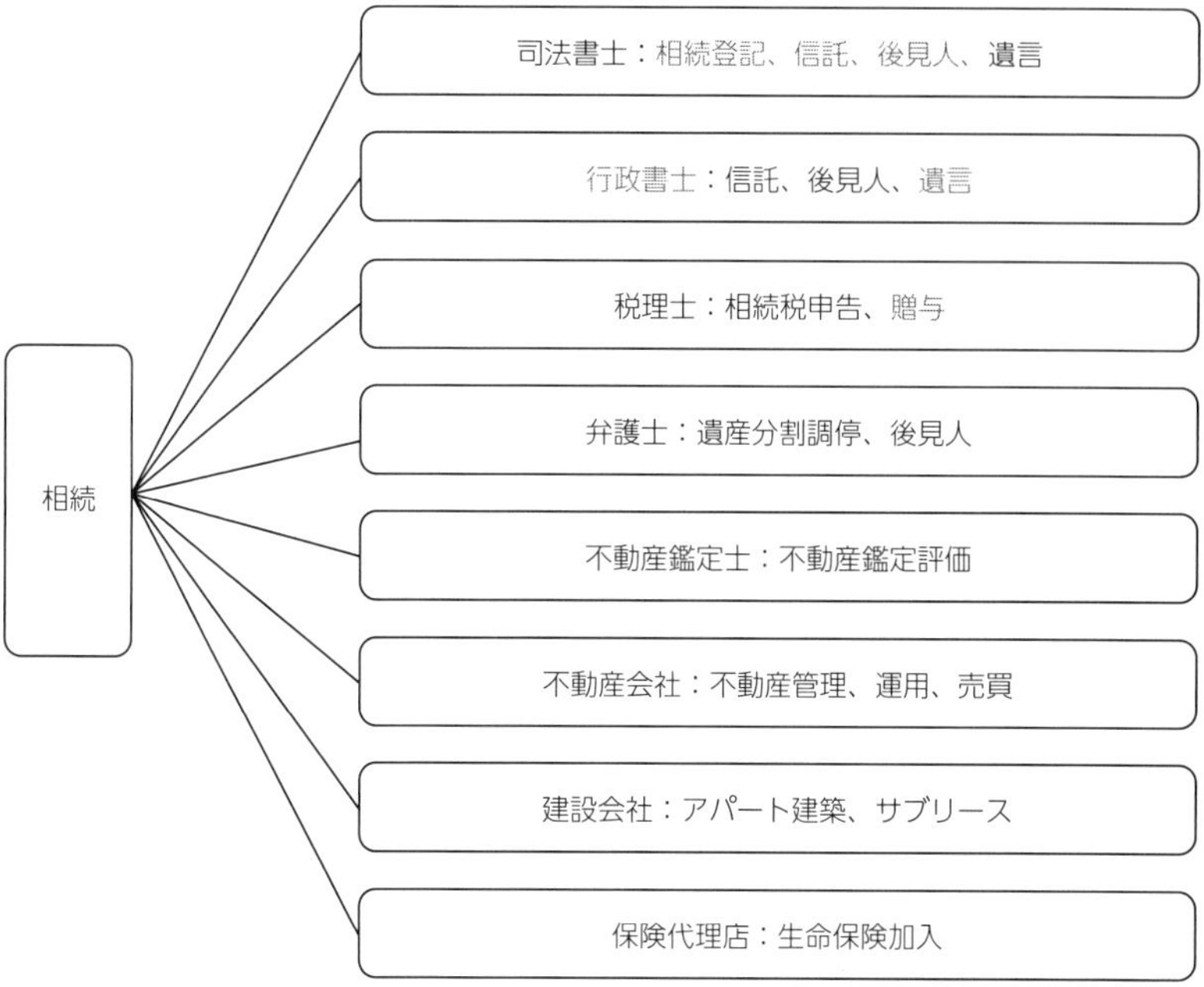

ざまな専門家が相続対策を行っていますが、残念ながら多くの相続対策が部分的な対策であったり、商品を売るための相続対策になっている場合が少なくありません。

図15は、相続に関わる主な専門家とその業務を簡単にまとめたものです。

図のように、1つの相続に対して、司法書士、行政書士、税理士、弁護士、不動産鑑定士、不動産会社、建設会社、生命保険会社などさまざまな専門家が関わります。これらの専門家の多くは、自分の得意分野のみで

図16　目標の設定（ゴール）から具体的な対策（手法）まで

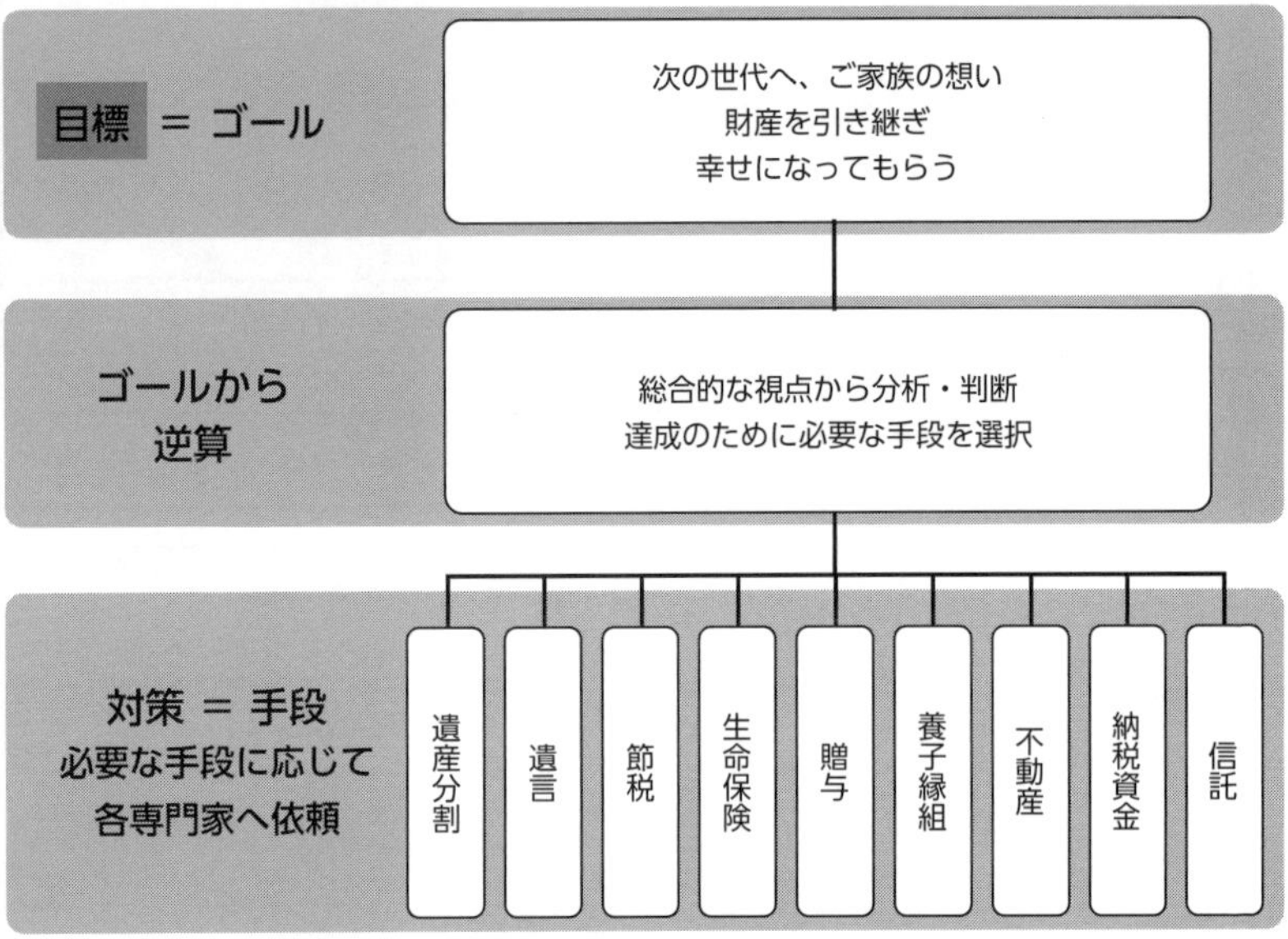

の専門家であり、ほかの専門分野については詳しくありません。

例えば、司法書士、行政書士、税理士、弁護士、保険代理店は資産の大部分を占める不動産についてのプロではないため、時価を考慮した遺産分割や、不動産を活用した相続対策についての正しい判断は難しくなります。逆に、不動産鑑定士、不動産会社、建設会社も税金や保険についてはプロではありません。

また、同じ士業間でも相続の知識・経験については大きな差があるため、依頼する専門家を慎重に選ばなければなりません。専門家に対策を依頼する場合も、十分なスキルがあり、適任者であるかをチェックする必要がありますが、一般的にはそれらを見定めることは難しいと思います。その場合、対策を進める上で、対策ありき、商品やサービスありきではなく、現状分析を行うかどうか、相続税の評価だけでなく、時価の考え方があるかを確認してください。相談者の現状を把握していなければ、対策が失敗してしまうこともありますので、現状分析ができ、課題を発見できる専門家に依頼することが重要になります。

専門家が決まったら、ご自身が望む相続に向けて、図16のように目標をゴールと捉え、上から下へ、**ゴールから逆算して対策をしていくこと**になります。「相続対策＝目標」となっている方も多くいらっしゃいますが、相続対策は目標ではなく、あくまでも手段の一つです。

本当の目標は、ご家族への想いや財産を次の世代へ引き継ぎ、皆さんが幸せになることだと思います。その目標を達成するための手段の一つとして、対策があることを忘れないでください。

これからご説明する対策方法も部分的な対策になりますので、「総合的な視点から判断する」のが重要であることを前提に読み進めてください。

2 遺産分割対策——遺言書と不動産の遺産分割

遺産分割対策は、相続トラブルを防ぐ意味で重要な対策の一つです。遺産分割とは、相続が発生した時に被相続人（亡くなった人）の財産を、相続人などで分けることをいい、財産があり、財産を受け取る人が複数いれば必ず直面する手続きになります。

遺産分割対策の代表的なものは遺言書の作成です。遺言書については後述しますのでここでは詳しく書きませんが、法的に有効な遺言書があることで、相続人全員の合意がなくても、遺言書に沿った相続登記などの手続きが可能になります。

ただし、法的に有効な遺言書があったとしても、共有で不動産を相続するなど、分割内容によっては取扱いに困ることも少なくありません。不動産は分割しに

図 17　不動産の時価は変動する

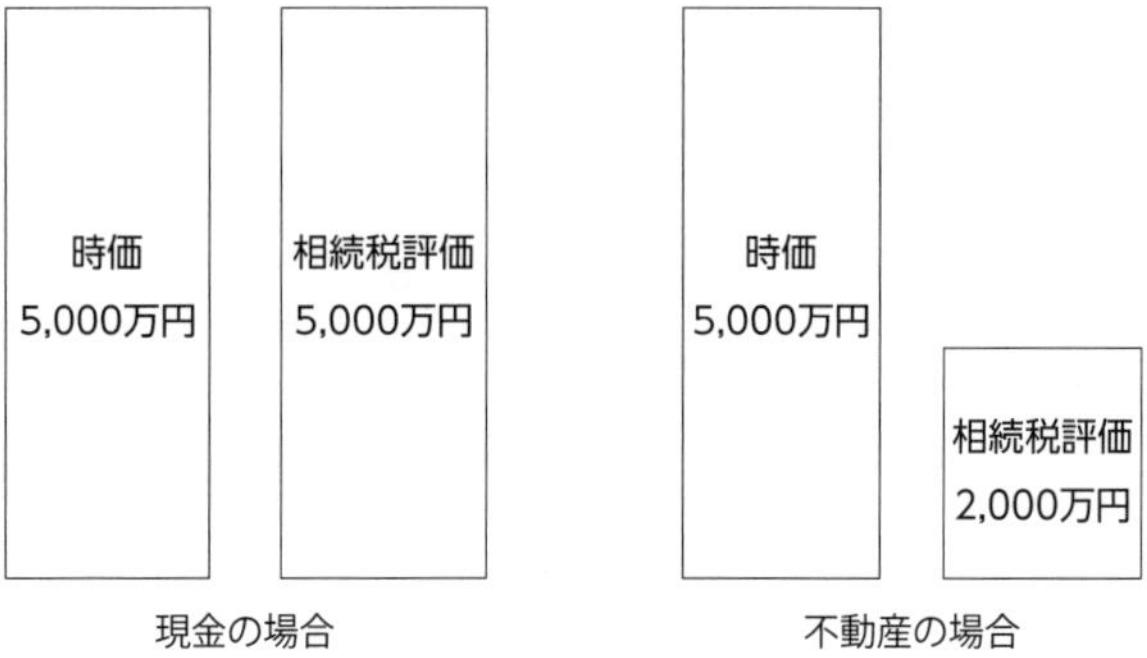

くく、共有で保有することも可能ですが、権利関係が複雑になり、売却しようとしても共有者の同意が得られないなどのトラブルから、売却できない可能性もあります。

また、不動産の遺産分割は相続税評価額ではなく時価が基準になります。

不動産の時価は相続税評価額と相違するため、遺産分割対策時には時価で評価を行い、協議することが重要です。

時価とは、第2章の6「遺産分割時の時価」でもご説明したとおり、換金した場合の額になります。現金の時価は相続税評価額と同じになりますが、不動産の時価は図17の時価5000万円、相続税評価2000万円のように大きくかけ離れる場合もあります。

実際にあった事例として、長男は自宅、長女が現金を相続したケースでご説明します。相続財産は、自宅と現金500万円でした。

長男は、親からの遺言書がなかったため、兄弟で平等に財産を分けたいと考え、税理士に遺産分割の相談をしました。税理士は自宅の相続税評価額が500万円だったため、自宅を長男が、現金を長女が相続すれば平等に相続できると助言しました

図18　相続財産は自宅マンションと現金

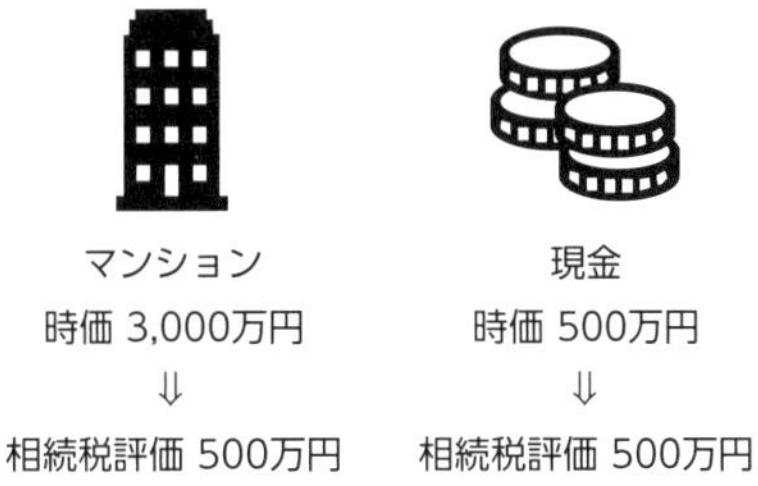

（図18）。

長男は自宅と現金が同じ価値だと思い、長女に「自宅と現金は同じ評価だから平等に相続にしよう」と伝え、助言どおり長男が自宅、長女が現金をそれぞれ相続しました。

後日、長女が自宅マンションのほかの部屋が3000万円で売りに出ている広告を見て、「話が違う」と兄妹で喧嘩になってしまいました。なぜ、この兄妹はもめることになったのでしょうか？

前述したとおり、**不動産の時価評価額と相続税評価額は異なります**。

特に都心のマンションなどでは、今回のように、相続税評価額が5000万円でも、時価が3000万円になるようなことはよくあります。

遺言書がなく、争いになってしまった場合、調停など、最終的には法定相続分が基準となります。今回の争いの場合、時価での財産総額は3500万円となり、それぞれの法定相続分は1750万円ずつになります。長女は相続した現金500万円だけでは1250万円不足するため、税理士の間違った助言がきっかけで、長男と長女の関係が悪化してしまいました。

このように、不動産の評価方法が原因でトラブルになることがあるので注意が必要です。特に資産家や地主家系では、収益不動産（アパートなど）を複数所有している場合がありま

図19　都心と郊外の投資用不動産に差がある場合

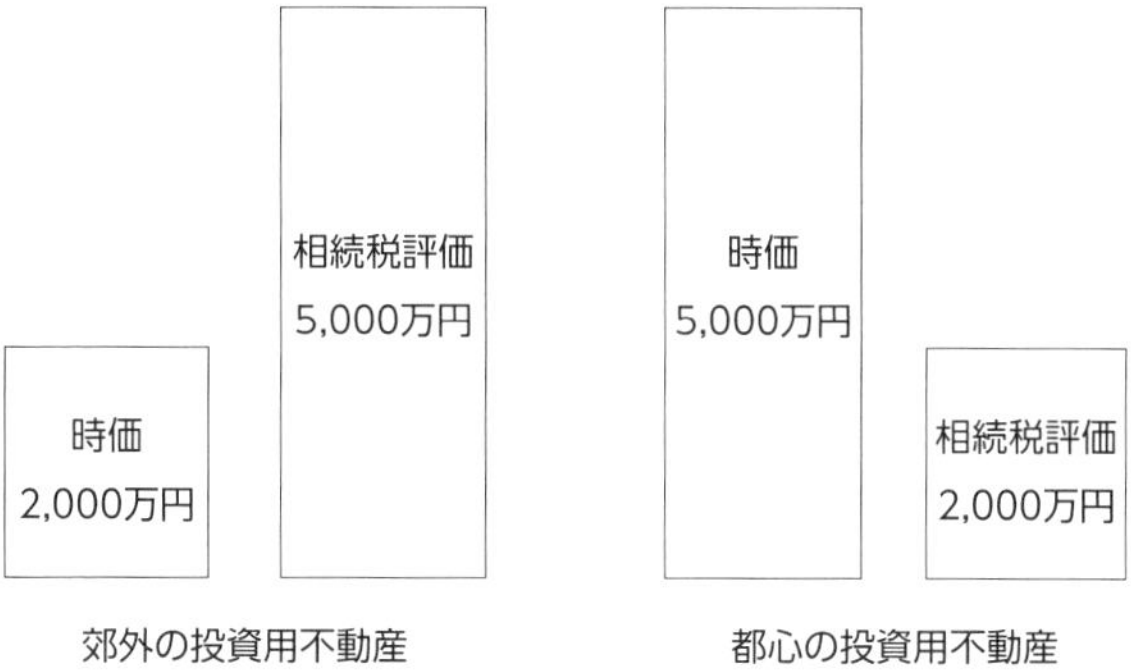

す。相続税評価の基になる財産評価基本通達によれば、不動産を貸している場合は相続税評価を低く設定できます。

　都心の投資用不動産だと、時価5000万円＞相続税評価2000万円のようなことが多いのですが、郊外の投資用不動産では、時価2000万円＜相続税評価5000万円のような場合もあります（図19）。よって、投資用不動産は時価と相続税評価の差が大きくなりやすいので、さらに注意が必要になります。

　また、自宅などの建物は10年、20年経てば価値が下がることが一般的ですが、不動産は景気に左右されやすい資産ですので、土地や投資用不動産の値段は下がるだけでなく、逆に時価が上がることもあります。

　このように、時価が変動する場合があるため、対策は定期的に見直すことが重要です。

　このほか、遺産分割の際に注意したい財産が生命保険です。詳しくは後ほどご説明しますが、生命保険を活用した遺産分割対策について少しご説明します。

大前提として、相続人が受け取る生命保険金は原則的に遺産分割の対象にはならず、生命保険金の受取人固有の財産になります。ですので、特定の相続人に財産を多く渡したい場合などに活用できます。

例えば、熱心に介護をしてくれた子どもに財産を多く残したい、家業の跡継ぎで特定の子どもへの財産配分が大きくなるために相続税の支払いが心配な場合や、相続放棄を検討している場合などに活用できます。

1 配偶者居住権（新設された相続法のメリット）

2018年7月6日に相続法改正の法案が可決・成立し、「配偶者居住権」という新たな遺産分割の選択肢が増えました。

配偶者居住権とは、居住用建物（自宅）について、配偶者を含む共同相続人の中で遺産分割をする場合において、配偶者保護のために一定期間および終身、その建物に無償で居住できる制度です。

被相続人が亡くなった後、同居していた配偶者がそのまま住み続けることは当たり前のように思うかもしれません。しかし、ほかの共同相続人がその居住用建物の相続による所有権を主張し、建物の明け渡し、または相続割合に応じた賃料を請求してくることもあります。

相続人は被相続人の子どもだけとは限りません。例えば、被相続人に子どもがいない場合、被相続人の兄弟姉妹や配偶者とは縁の遠い、ほとんど会ったことのない人だとして、果たしてその人が無料でその居住用建物に住んでもいいと言うでしょうか？

実際に、不動産はお金と違って分割できず、その対策を講じていないことで、被相続人の配偶者が退居または金銭の負担を余儀なくされる場面が多く見られます。

配偶者居住権は、**被相続人に長年連れ添った配偶者の保護のために新設された相続法**です。配偶者の中には、被相続人が亡くなった後の自宅にそのまま住み続けたい人だけではなく、他所に移り住みたい人もいますので、一定期間または終身の配偶者居住権を設定しています。詳細を左記に説明します。

A：短期居住権（配偶者短期居住権）

相続開始時に自宅に無償で居住していた配偶者は、遺産の分割により居住用建物の帰属が確定した日、または相続の開始から6カ月が経過した日のいずれか遅いほうの日までは、居住用建物を無償で使用する権利を有することとなりました。

短期居住権を取得した配偶者は第三者に居住権を譲渡することはできませんし、建物に対して善良な管理者の注意をもって建物を使用しないといけません。

また短期居住権は、配偶者が無断譲渡や善良な管理者の注意を履行しなかった場合や死亡、長期居住権を取得した場合などにより消滅します

B：長期居住権（配偶者居住権）

相続人が配偶者と子ども1人で、遺産が自宅（2000万円）および預貯金（3000万円）だった場合、配偶者と子の法定相続分は2500万円：2500万円の按分になります。2500万円の自宅を配偶者が相続するとなると、配偶者が受け取る現金は500万円となり、家はあれども生活費に困窮しかねない状態になるのが今までの制度でした（図20）。

新設の配偶者居住権により、一つの居住用建物に配偶者居住権と負担付所有権を設けて、権利の分割が可能になりました。

配偶者居住権は、相続開始時に居住用建物（自宅）に無償で居住していた配偶者が、①遺産分割、②遺贈、③死因贈与契約により取得することになった場合の権利です。条文に「相続人間で配偶者居住権の合意、配偶者の生活維持に、特に必要と認めるときに家庭裁

図 20 「配偶者居住権」によるメリット

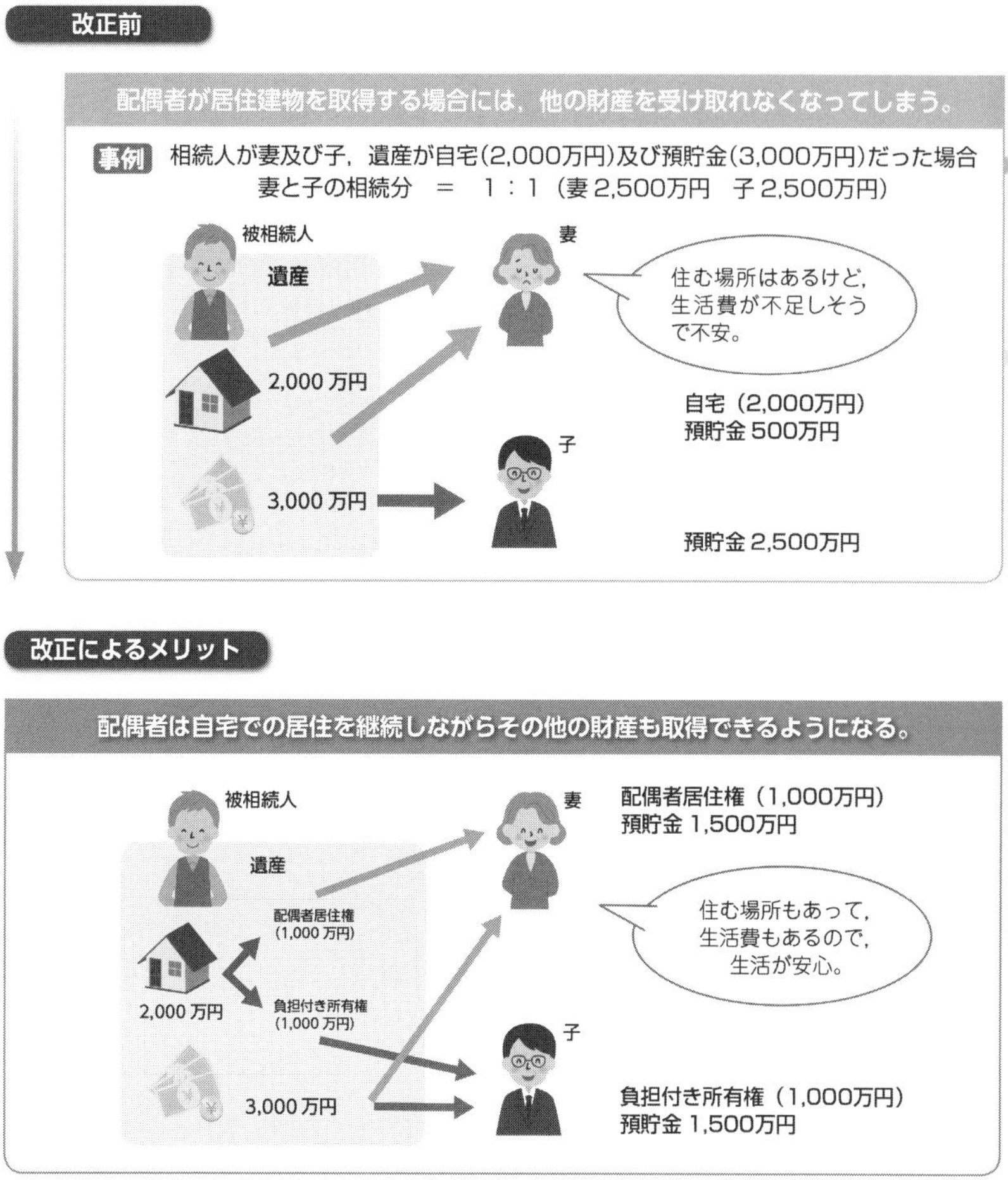
改正前
配偶者が居住建物を取得する場合には，他の財産を受け取れなくなってしまう。
事例 相続人が妻及び子，遺産が自宅(2,000万円)及び預貯金(3,000万円)だった場合
妻と子の相続分 ＝ 1：1（妻 2,500万円 子 2,500万円）
被相続人
遺産
2,000 万円
3,000 万円
妻
住む場所はあるけど，生活費が不足しそうで不安。
自宅（2,000万円）
預貯金 500万円
子
預貯金 2,500万円
改正によるメリット
配偶者は自宅での居住を継続しながらその他の財産も取得できるようになる。
被相続人
遺産
配偶者居住権（1,000 万円）
負担付き所有権（1,000 万円）
2,000 万円
3,000 万円
妻
配偶者居住権（1,000万円）
預貯金 1,500万円
住む場所もあって，生活費もあるので，生活が安心。
子
負担付き所有権（1,000万円）
預貯金 1,500万円

（法務省作成のパンフレットより引用）

判所の審判により配偶者居住権を取得できる」とあります。
効力は次のとおりです。

○存続期間は遺産分割、遺言、審判において別段の定めがなければ、配偶者の終身の期間となる
○配偶者居住権取得者は、建物について配偶者居住権設定登記を備える義務を要する
○配偶者は居住建物全部について無償で使用収益する権利を取得できる
○配偶者居住権の第三者への譲渡は不可
○負担付所有権者の承諾なく建物を増改築したり、第三者に使用収益させることはできない
○短期居住権と同じ善良な管理者の注意の義務、通常の必要費負担は配偶者負担になる
○配偶者居住権は配偶者の規律違反、死亡、存続期間満了により消滅し、その際配偶者は相続開始時の状態に原状回復して居住建物を返還しなければならない

2 遺留分制度の見直し（「金銭の支払を請求」が明文化）

「遺留分」とは、遺言があった場合、相続人が遺留分を侵害された際にほかの相続人に対

して請求できる取り分のことです。遺留分の詳細については、第2章[2]「誰が相続人になるか？」をご覧ください。

この遺留分に関して、２０１９年7月に法改正がなされています。

改正後：(遺留分侵害額の請求)

【概要】遺留分権利者及びその承継人は、受遺者又は受贈者に対し、遺留分侵害額に相当する金銭の支払を請求することができる。

ポイントになるのは、「金銭の支払を請求」というものが明文化された点です。これにより、原則として、遺留分は「金銭」をもって解決することになりました。

改正前は遺留分を請求した場合、不動産や株式は共有状態になり、その後の不動産売却や会社運営に支障が生じるケースがありました。これを解消するために、原則として金銭で解決することになったのです。

しかしながら、遺留分を金銭で請求されたとしても、すぐにはお金が準備できないこともあるかと思います。その場合、裁判所に支払期限の猶予を求めることができますので、専門家にご相談ください。

改正後、原則として金銭による支払いになりましたが、遺留分を請求した方が不動産などの持分でもOKということであれば、金銭によらずとも解決は可能です。

3 遺言（争いを防ぐ）

遺言は亡くなった人の想いを伝えるための一つの手段です。

また相続において、残された家族の争いを防ぐために必ず実行していただきたい対策の一つです。

相続が開始されると、残された家族が相続人として相続財産をどのように分けるかを話し合う「遺産分割協議」が必要になります。

特定の相続人に生前贈与があった場合や特定の相続人が介護を行っていた場合、あるいは、相続財産に不動産が多く、現金などの分割しやすい財産が少なく、相続財産を平等に分けることができない場合などにより、遺産分割協議がまとまらず、争いに発展することが少なくありません。

相続のご相談をいただく中で、よくある事例をご紹介します。

家族構成は母、長男、次男の3人です。母の相続が発生しました。

相続財産は時価1500万円の自宅と預金500万円で、遺言書はありません。

次男は県外で仕事をしており、家にまったく寄り付かず、母は長男と同居し、介護などの世話は全て長男が行っていました。

母は生前、長男への感謝の気持ちから、愛着のある自宅をこのまま長男に引き継いでほしいと思っており、また、長男も引き続き自宅に住むことを考えていました。

相続発生後、長男は母の想いである、自宅の所有権を長男名義にすること、残りの現金を半分ずつ分けることを弟に伝えましたが、弟は納得せず、法定相続分の権利を主張してきました。

遺産分割協議の結果、財産を半分ずつ分けることになり、母の想いの詰まった自宅は売却しなければならなくなりました。


母の願っていた想いは叶わないうえ、遺産分割争いで兄弟の仲にもしこりが残る結果になってしまいました。母が生前、法的に有効な遺言書を作成しておけば、自宅を売却することにはならなかったはずです。

このように、相続時に遺言書がない場合、相続人間で遺産分割協議を行う必要がありますが、協議がまとまらないときは、法定相続分額で争うことになります。兄弟は2分の1

表12　遺言書の種類

	自筆証書遺言	公正証書遺言	秘密証書遺言
遺言を書く人	本人が自筆 一部パソコン可	公証人	パソコン、代筆可
証人の有無	不要	2人以上	2人以上
作成費用	不要	必要	必要
裁判所の検認	必要	不要	必要
無効になる可能性	あり	なし	あり

の法定相続分を主張でき、兄弟で1000万円ずつ財産を分けるためには、自宅を売却せざるを得ませんでした。

母が生前に自身の想いを遺言書として遺していれば、遺産分割協議を行わなくても、自宅の所有権を長男の名義で登記することができました。また、分割争いの金額は法定相続分の半分の額となる遺留分500万円になることから、預金500万円を次男に渡すことで遺留分侵害額請求の必要もなく、結果として自宅を売却せずに相続することができたはずです。

遺言書は、このような争いを防ぐためにも、生前のうちに相続の専門家とともに自分の財産の分割内容を決め、その内容は可能であれば相続人と共有しながら作成することが大切です。法的に有効な遺言書を作成することで、遺産分割協議をしなくても、相続後の手続きを円滑に進められます。

それでは、法的に有効な遺言書とはどのようなものでしょうか？　遺言書の種類と共に説明していきましょう。

遺言書には「自筆証書遺言」と「公正証書遺言」「秘密証書遺言」の3種類があり、表12のような特徴があります。

まず「自筆証書遺言」ですが、遺言書を自筆で書き残すため、費用はかからず、証人を必要とすることもないため、すぐにでも作成できます。また、2019年1月31日に施行された民法の改正では、財産目録を添付する場合については、各頁に署名押印することで、パソコンなどでの作成が可能になりました。

作成した遺言書は自身で保管管理するため、紛失、隠ぺい、改ざんの恐れがあり、相続発生後に遺言書の内容を確認する目的で家庭裁判所での検認が必要*1になります。また、内容に不備があれば、法的に有効な遺言とは認められないため、形式に沿った遺言書の作成が求められます。

---

*1 **家庭裁判所での検認が必要**――この自筆証書遺言の問題点を補完するために、自筆証書遺言の法務局保管制度が2020年7月10日に施行されました。自筆証書遺言の法務局保管制度とはその名のとおり、自筆証書遺言を法務局で保管する制度であり、遺言書の紛失、隠ぺい、改ざんを防ぐことができるうえ、家庭裁判所の検認も必要なくなります。費用は遺言書の保管申請で1件当たり3900円と公正証書に比べ少なくてすみますが、遺言の内容については法務局では相談できないため、遺言書を作成する場合は専門家とともに進めることが重要です。

第4章

表13 「公正証書遺言」の作成手数料

【法律行為に係る証書作成の手数料】（公証人手数料令第９条別表）

目的の価額	手　数　料
100万円以下	5,000円
100万円を超え200万円以下	7,000円
200万円を超え500万円以下	11,000円
500万円を超え1,000万円以下	17,000円
1,000万円を超え3,000万円以下	23,000円
3,000万円を超え5,000万円以下	29,000円
5,000万円を超え1億円以下	43,000円
1億円を超え3億円以下	43,000円に超過額5,000万円までごとに13,000円を加算した額
3億円を超え10億円以下	95,000円に超過額5,000万円までごとに11,000円を加算した額
10億円を超える場合	249,000円に超過額5,000万円までごとに8,000円を加算した額

※財産の相続または遺贈を受ける人ごとに算出

（日本公証人連合会 のホームページ参照）

次に、「公正証書遺言」は公証人が遺言の内容を被相続人に直接確認したうえで作成し、２人の証人立会いのもと、公正証書として公証人が保管する法的に有効な遺言書になります。作成の費用は表13のとおりです。財産価値に応じた手数料などがかかりますが、遺言書の紛失、隠ぺい、改ざんの恐れがなく、家庭裁判所の検認を必要としないため、相続対策での遺言としてお勧めです。

実務上、公正証書遺言を作成するには、相続人以外の証人が２人いれば、公証人とのやり取りをご自身で行うことで作成することも可能ですが、遺言作成で重要なのはやはり遺言書の内容です。遺言書の内容をしっかり検討するためにも、相続の専門家や司法書士に依頼する場合が一般的です。

最後は「秘密証書遺言」です。自身で作成した遺言書を2人以上の証人立会いのもと、その存在を公証人に証明してもらう遺言です。公証人は遺言書の中身は確認せず、封をした後、保管は被相続人自身で行います。遺言の内容について誰にも知られることなく作成でき、改ざんされることはありませんが、自筆証書遺言と同様に紛失、隠ぺいの恐れがあり、家庭裁判所の検認が必要になります。費用は一律1万1000円です。また、争いを避けるためには可能な限り相続人と遺言書の内容を共有するのが望ましいうえ、形式不備の可能性もあるため、お勧めできる遺言書ではありません。

「自筆証書遺言」を法的に有効な遺言にするにはかなりの手間がかかり、作成が難しいことから、「公正証書遺言」を選択する場合が多いのです。しかし、なんらかの理由によりご自身で作成したい方は「自筆証書遺言」でもかまいません。自分で遺言内容を考え、自筆証書遺言で完結することに向いている人は、たとえるなら、パソコンを使うことが目的ではなく、部品を自分で買ってきて組み立てることが好きな方です。

「自筆証書遺言」を作成したら、紛失、隠ぺい、改ざんを防ぐために、後述する「法務局保管制度」を利用してください。いずれにせよ、**遺言を作成する手続きというよりも遺言の内容が重要**で、内容を検討するためにも、相続の専門家とともに進めていくことが有効です。

遺言作成の上で重要なのは、「**遺留分算出は時価評価で行う**」「**法的に有効な遺言書を作成する**」「**分割内容を相続人に知らせる**」の3点です。

遺言書を作成する前に、相続の専門家とともにご自身の財産額と遺留分額を把握する点がポイントです。遺留分額は時価で評価しますので注意しましょう。遺留分を確認後、希望する分割案で公正証書遺言を作成します。

可能であれば、相続人に分割案を知らせてください。分割内容を事前に伝えることで、相続人に対してご自身の想いを直接伝えることができます。また、遺言書の最後の部分に「付言事項」という、遺産分割の内容とは別に被相続人の想いを書き記せる項目がありますので、これを活用することをお勧めします。

実務をしている中で、相続後の遺産分割でもめてしまうご家族の多くにおいて、法的に有効な遺言がありません。相続前まで一度ももめたことのないご家族でももめてしまう、それが遺産分割の恐ろしさです。一度、遺産分割でもめてしまうと、なかなか元の関係に戻ることができず、遺恨が残ってしまいます。

残された大切な家族が遺産分割でバラバラにならないためにも、法的に有効となる遺言書を作成してください。以下、ご参考までに近年、法改正があった内容を記載します。

1．自筆証書遺言方式の緩和

民法が改正され、自筆証書遺言の方式の緩和に関する部分が2019年1月13日に施行されました。

これまで、自筆証書遺言は遺言者自らが手書きで遺言書の全文を書かなくてはなりませんでした。今回の改正で、例外的に相続財産の目録（財産目録）を添付する場合は自署しなくてもよくなりました。例えば、財産目録をパソコンで作成することや、登記事項証明書、銀行の通帳のコピーを添付することでも可能です。この場合、財産目録の各頁（用紙の両面記載の場合は両面）に署名押印をしなければなりませんが、すべてを手書きすることを考えると大幅に負担が少なくなります。

2．法務局の遺言書保管制度

2020年7月10日から、法務局における遺言書の保管等に関する法律が施行されました。その名のとおり、これは今まで遺言者自身が管理保管していた遺言書を、公的機関である法務局が保管する制度になります。

自筆証書遺言は自宅で保管されることが多く、紛失や隠ぺい、改ざんの恐れがあり、相続をめぐるトラブルの一因にもなっていました。

そこで、公的機関である法務局が自筆証書遺言を保管することでこれらの問題を解決し、遺言書の所在の把握が容易になりました。

手続きで最初に行うのは、まず遺言書の作成です。自身で用意した用紙に遺産分割の内容を書いて作成します。遺言書の作成方法については法務局では対応してもらえないこともありますので、法務局のホームページに記載されている遺言書作成の注意事項を確認してください。遺言の内容次第では相続トラブルに発展する可能性がありますので、相続の専門家とともに作成することをお勧めします。

遺言書が作成できたら、次にどの法務局へ保管の申請をするかを決めることになります。保管の申請ができる遺言書の保管所は、①遺言者の住所地、②遺言者の本籍地、③遺言者が所有する不動産の所在地――のいずれかを管轄する法務局になります。

保管の申請をする法務局が決まったら、申請書を作成します。申請書の様式は法務局のホームページからダウンロードするか、法務局の窓口にも用意されていますので、それを

表14　法務局への保管申請や閲覧などにおける手数料

手数料の一覧

申請・請求の種別	申請・請求者	手　数　料
遺言書の保管の申請	遺言者	1通につき，**3,900円**
遺言書の閲覧の請求（モニター）	遺言者・関係相続人等	1通につき，**1,400円**
遺言書の閲覧の請求（原本）	遺言者・関係相続人等	1通につき，**1,700円**
遺言書情報証明書の交付請求	関係相続人等	1通につき，**1,400円**
遺言書保管事実証明書の交付請求	関係相続人等	1通につき，**800円**

※遺言書の保管の申請の撤回及び変更の届出には手数料はかかりません。

※手数料は収入印紙を手数料納付用紙に貼って納めていただきます。貼っていただいた収入印紙に割印をしないでください。

（法務局のパンフレットより引用）

利用します。

申請書を作成したら、法務局へ事前に保管申請の予約をしてから申請を行います。

申請に必要な書類等は、①遺言書（封筒に入れずに。法務局が確認するので封印したり、ホッチキス止めはしない）、②申請書（あらかじめ記入しておく）、③住民票の写し（作成後3カ月以内のもので、本籍の記載のあるもの）、④本人確認書類（運転免許証・パスポート・マイナンバーカード等）、⑤収入印紙（1通につき３９００円分）です。予約した日時に、遺言者本人が法務局にて申請を行ってください。

手続き終了後に、遺言者の氏名、生年月日、遺言書保管所の名称、保管番号が記載された保管証を受け取ります。

この保管証に記載されている保管番号は、遺言の閲覧、保管の申請の撤回、変更の届出をするときや、相続人などによる遺言書情報証明書の交付の請求などをするときに必要になるため、保管証はご家族と共有し、大切に保管してください。

保管された遺言書の内容については、遺言者が存命中の場合、相続人であっても確認することはできません。相続発生後は遺言が保管されていないかを法務局へ問い合わせて確認し、保管されていれば遺言書の内容の閲覧や証明書を取得することができます。

手続きの費用は表14のとおりです。

3 相続税の節税対策――相続税納税後の時価の純資産を多くする

相続税は、一個人が、亡くなられた人から相続などによって財産を取得した場合に、その取得した財産に対してかけられる税金です。亡くなられた人の課税される相続財産から控除できる債務と葬式費用を差し引いた金額が、基礎控除額（3000万円＋600万円×相続人の数）を超える場合は、その財産を取得した人がその割合に応じて相続税を納めなければなりません。日本の相続税は世界の中でも高い部類ですので、相続税はできるだけ少なくしたいものです。

そこで相続税の節税対策が必要になってくるのですが、相続税の節税対策と聞くとほとんどの方が、「支払う相続税を減らすための対策」と考えているようです。しかし、これは大きな間違いです。相続税の節税対策で、どんなに相続税を減らすことができても、相続する財産自体がそれ以上に減ってしまっては有効な相続対策とは言えないからです。第3章①で、守るべき資産の単位は時価で考える純資産であるとお伝えしたように、**相続税を支払った後の時価の純資産を多くすることが、相続税の節税対策の本質であり、目的**となります。

2015年1月から、相続財産にかかる基礎控除額が5000万円＋（1000万円×法定相続人の数）から、3000万円＋（600万円×法定相続人の数）に改定されました。この改正に伴い、2015年以降の課税対象被相続人数は2014年以前の倍に増え、2018年には死亡者数である被相続人数約136万人（死亡者数）の約8・5％に当たる約11万6000人の方が相続税の課税対象となっています（グラフ3）。今後、団塊の世代が相続を迎えることから、相続税申告を必要とする方は確実に増えていくことになります。

また、相続税の課税価格および税額の推移を見ても分かるように、それらが年々増加傾向にあり、しっかりとした相続税の節税対策が必要な時代になってきています。

相続税の節税対策をするうえでは、相続税の計算方法を知ることが重要です。第2章④「相続税の計算」で説明した相続税の計算方法を見ていくと、相続税を引き下げるポイン

グラフ3　被相続人数や課税価格などの推移

1　被相続人の推移

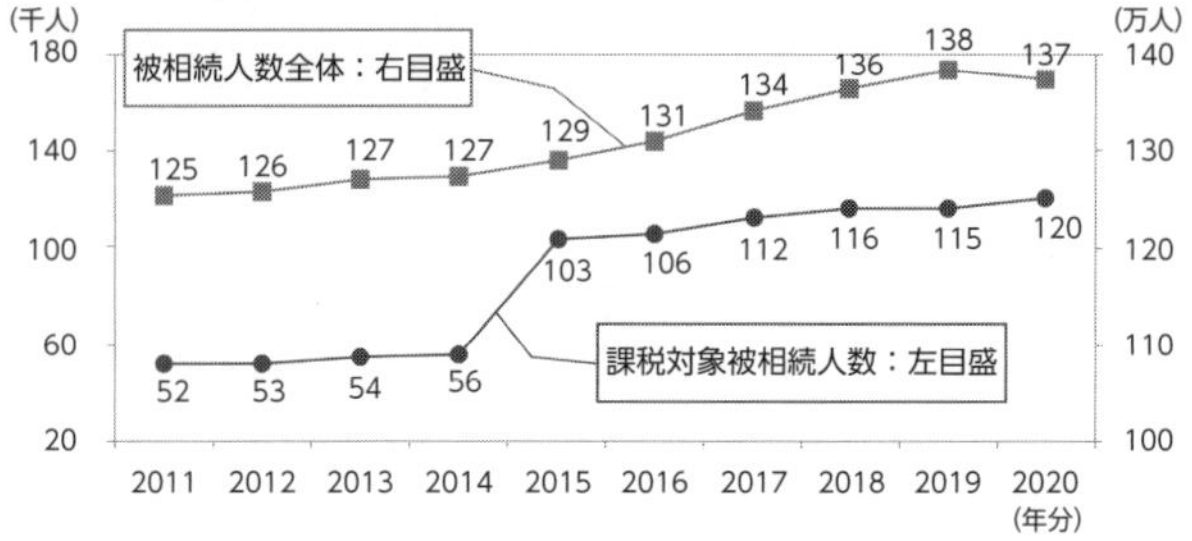

2　課税割合の推移

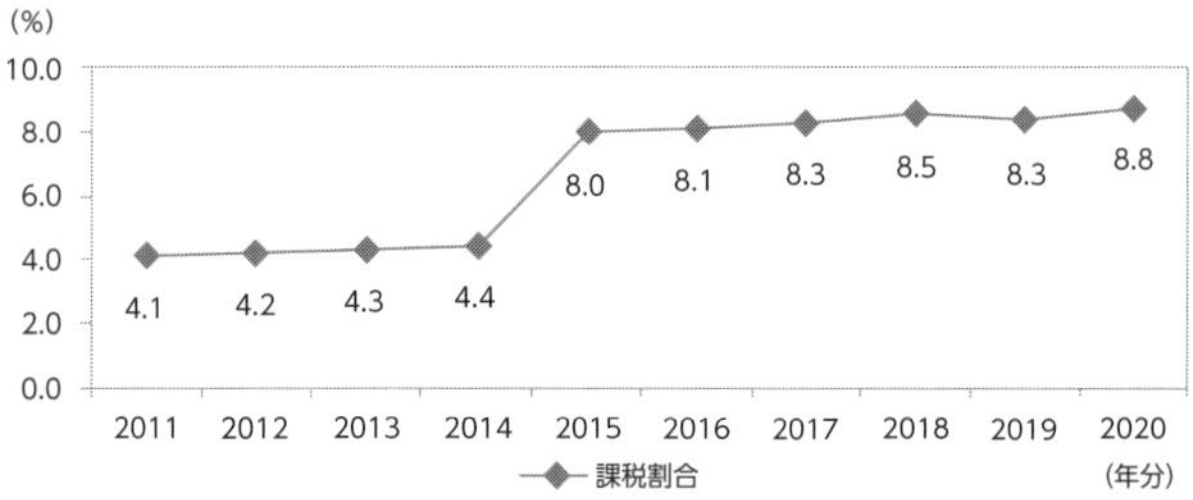

3　相続税の課税価格及び税額の推移

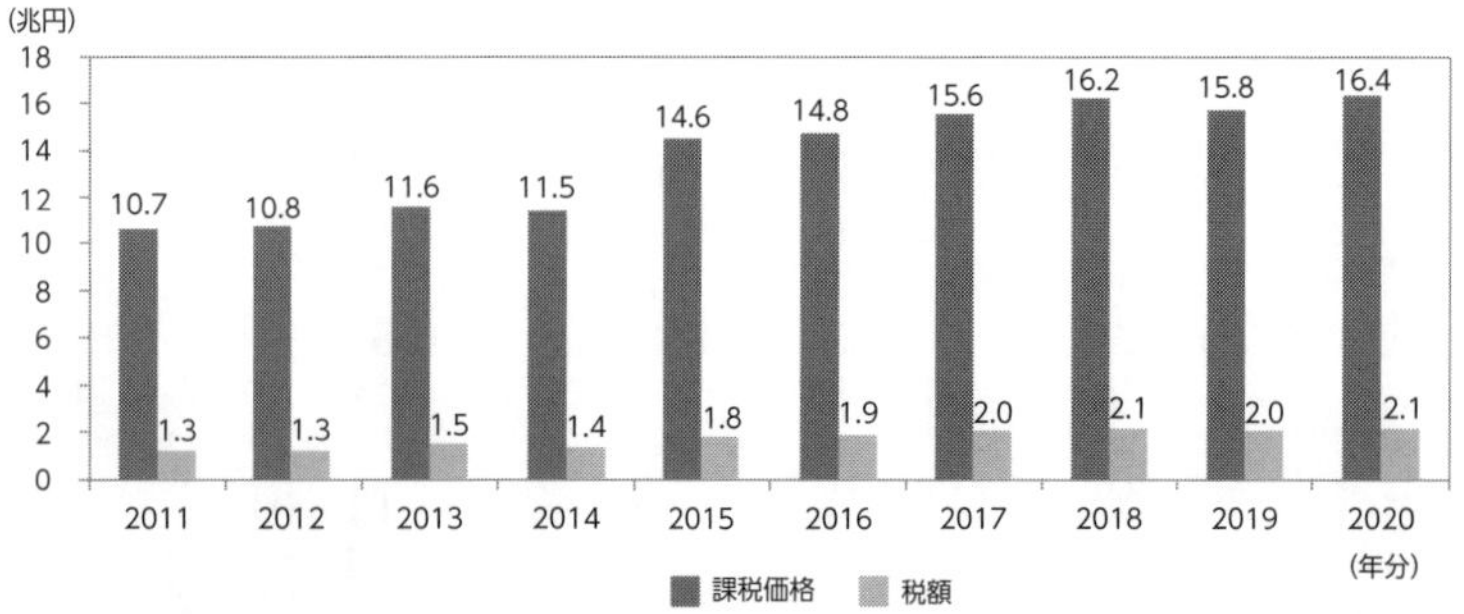

(注) 1　「課税価格」は相続財産価額に相続時清算課税適用財産価額を加え、被相続人の債務・葬式費用を控除し、相続開始前３年以内の被相続人から相続人等への生前贈与財産価額を加えたものである。

2　上記の計数は、相続税額のある申告書（修正申告書を除く。）データに基づき作成している。

（出典：国税庁　ホームページ）

トがいくつか確認できます。

一つ目は、相続税の算出の基になる相続財産の評価額自体を減らすことです。対策としては、生前のうちに財産を移す生前贈与や、時価と相続税評価に乖離《かいり》がある財産への組み換え、小規模宅地等の特例を代表とする特例や、不動産の形状や状況に合わせた補正を正しく行うことによる相続財産の評価減が挙げられます。

二つ目は、相続税の基礎控除額などと非課税枠を増やすことです。養子縁組をすることで、基礎控除を600万円、生命保険と死亡退職金の非課税枠を500万円ずつ増やすことができます。また、養子縁組で法定相続人が増えると（すでに実子がいる場合は1人、実子がいない場合は2人まで）、一人当たりの法定相続分が少なくなるため、結果として適用される相続税率が下がり、算出税額も少なくなる効果もあります。

三つ目に、一次相続時の配偶者への分割割合を検討することです。夫婦の相続の場合のみになりますが、相続後にできる節税対策の一つになります。一次相続と二次相続の相続税の合計額でみた場合、相続財産によっては配偶者への分割の割合次第で、相続税が大きい場合で2倍ほど違うケースがあります。

このように、相続税の節税対策の手段はいくつかありますが、相続税の節税だけにとらわれると、手段であるはずの節税対策が目的になってしまい、必要のない対策などによって時価ベースの純資産を減らしてしまったり、遺産分割でトラブルに発展することも少なくありません。

まず現状を把握し、考えられる課題を整理できる専門家とともに対策を進めていくことが重要です。

次の項より、それぞれの節税対策について詳しく説明していきます。

図21　一次相続と二次相続

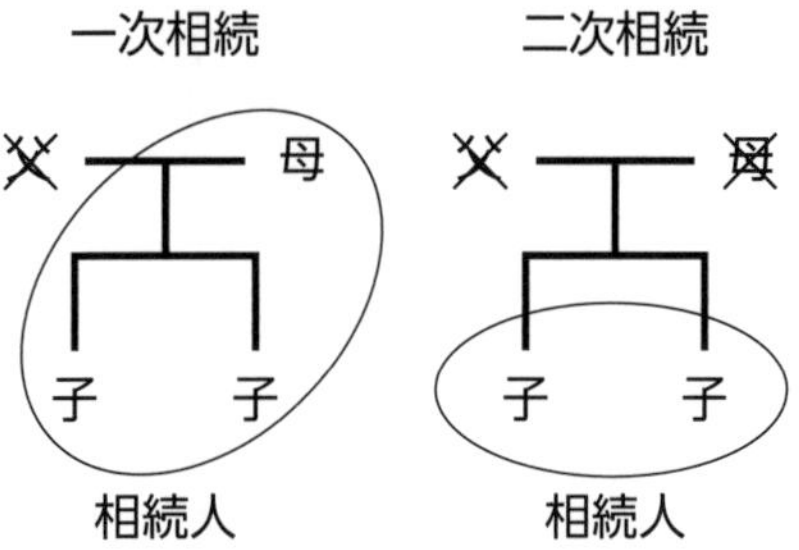

1 二次相続（一次相続時の配分が重要）

夫婦の相続で、先にどちらかが亡くなって発生した相続のことを「一次相続」、後に残ったほうが亡くなって発生する相続のことを「二次相続」といいます（図21）。

前述したように、夫婦の場合、先に亡くなったほうの一次相続の遺産分割方法だけで、夫婦の相続税額の合計額が2倍以上高くなる場合があります。そのため、節税対策において、一次相続時の分け方はとても重要なポイントになります。

財産が一定以上あるご家族では、一次相続後に相続税を納め、二次相続後に再び相続税を納めなければならないため、相続税を2回納めることになります。この一次相続の時に配偶者が受け取る財産の配分の仕方一つで、夫婦の相続税の合計額が大きく変わります。

例えば、父・母・子ども2人の4人家族で、父の財産が1億円、母の財産が0円だったとします。先に父が亡くなり、母がその後に亡くなった場合（父が亡くなった時が一次相続、母が亡くなった時が二次相続）、この2回の相続で納めなければならない相続税の最小値は約365万円、最大値は約770万円となり、その差は約405万円で、2倍以上の差になります（表15）。

なぜ、納める相続税にこのような差が出るかというと、

一次相続では相続人が3人（母・子2人）なので基礎控除が4800万円

［3000万円＋（600万円×3人）＝4800万円］

表15　一次相続と二次相続の配分による相続税額の差

モデルケース①　相続財産1億円・配偶者財産0円・子ども2人の場合

	一次相続での配偶者の取得割合	一次相続の相続税額	二次相続の相続税額	一次相続 二次相続 相続税合計額
配分例（1）	100%	0円	770万円	770万円
配分例（2）	42%	365万円	0円	365万円
配分例（1）配分例（2）の相続税合計額の差				**405万円**

表16　相続財産３億円・配偶者財産０円・子ども２人の場合（参考）

モデルケース②　相続財産３億円・配偶者財産０円・子ども２人の場合

	一次相続での配偶者の取得割合	一次相続の相続税額	二次相続の相続税額	一次相続 二次相続 相続税合計額
配分例（1）	100%	2,669万円	5,852万円	8,521万円
配分例（2）	34%	3,775万円	800万円	4,575万円
配分例（1）配分例（2）の相続税合計額の差				**3,946万円**

表17　相続財産６億円・配偶者財産０円・子ども２人の場合（参考）

モデルケース③　相続財産６億円・配偶者財産０円・子ども２人の場合

	一次相続での配偶者の取得割合	一次相続の相続税額	二次相続の相続税額	一次相続 二次相続 相続税合計額
配分例（1）	100%	8,680万円	1億5,804万円	2億4,484万円
配分例（2）	24%	1億3,194万円	1,660万円	1億4,854万円
配分例（1）配分例（2）の相続税合計額の差				**9,630万円**

二次相続では相続人が２人（子２人）に減るため、基礎控除が４２００万円
［３０００万円＋（６００万円×２人）＝４２００万円］
になるからです。

基礎控除が減るということは、相続財産が同じ場合、納める相続税が増えるということです。つまり、一次相続の際に全て母が相続していた場合、二次相続の時のほうが相続税は高くなります。二次相続の時の母の財産が多いと相続税が高くなるため、

一次相続の時にある程度の財産を子どもに相続させたほうが、家族単位で考えた時の相続税を減らす効果があります。

配分例の(1)の一次相続では配偶者の税額軽減が使えるため、全財産を配偶者に相続させた場合、一次相続では相続税支払いがありません。一見節税のように思えますが、二次相続までを考えると合計の相続税額は最大になります。ご参考までに、別のケースの税額も掲載します（表16、表17）。

表を見ていただくと、資産が多ければ多いほど、最小値と最大値の差が大きくなっているのが分かります。これは、ほかの節税対策をするわけでもなく、一次相続の際の遺産分割の仕方一つで変わるのです。この結果を見ていただくと、二次相続を考慮することの大切さが分かると思います。

相続財産には不動産も多く含まれます。前述したとおり、不動産は現金と違い、簡単に分けることはできませんので注意してください。また、配偶者の財産状況や相続人の人数などによって最適な配偶者への相続割合は変わりますので、各ご家庭に応じた個別の対策が必要です。

表18　契約者、被保険者、受取人の関係で変わる税金の種類

契約者	被保険者	受取人	かかる税金	非課税枠の対象
被相続人	被相続人	相続人A	相続税	○
被相続人	相続人A	被相続人	所得税	×
被相続人	相続人A	相続人B	贈与税	×

2 生命保険（契約者や被保険者、受取人の関係で変わる税金）

生命保険金は受取人固有の財産であるため、受取人が相続放棄をした場合でも保険金を受け取ることができます。これにより、多く財産を渡したい相続人がいる場合に非常に重宝します。ただし、相続財産全体の半分以上となるような生命保険金や、状況と照らして高額すぎる生命保険金は相続財産として判断される可能性も考えられ、無制限に受取人固有の財産にできるとは限らない点に注意が必要です。

生命保険は多くの方が加入されていますが、皆さんは保険内容を把握されているでしょうか？

契約者、被保険者、受取人といった対象者などの、**保険の契約内容次第で相続時に相続税を節税できる場合**とそうでない場合があります。

契約者、被保険者、受取人の関係で変わる税金の種類は、表18のとおりです。

相続時に被相続人が、契約者と被保険者である生命保険は、相続

税法上のみなし相続財産として受け取った保険金額が相続税の課税対象になります。ただし、法定相続人×500万円までの保険金額は相続税非課税枠として相続税が課税されません。

この制度を利用したものが生命保険を利用した相続税の節税対策です。

例えば、相続人が3人、相続財産が現金6000万円のみだとします。この状況で相続が発生すると、基礎控除額の4800万円を超える相続財産があるので、相続税が課税されます。

しかし生前に、現金1500万円を、契約者と被保険者が被相続人、受取人が相続人という内容の生命保険に組み換えることで、課税遺産総額が4500万円となり、基礎控除の範囲内になるため、相続税が非課税になります。

生命保険に加入するには、年齢制限などの条件があります。非課税枠を利用する方法は短期間で効果が出ますので、まだ非課税枠を利用していない方はぜひ検討しましょう。

❸ 生前贈与（「暦年贈与」による節税効果）

生前のうちに財産を相続人に移し、相続財産を減らすことで相続税を抑えることができます。これが生前贈与を利用した節税対策です。

表 19　暦年贈与の贈与税と相続税の税率

【贈与税】一般贈与財産用（一般税率）

基礎控除後の課税価格	200 万円以下	300 万円以下	400 万円以下	600 万円以下	1,000 万円以下	1,500 万円以下	3,000 万円以下	3,000 万円超
税率	10%	15%	20%	30%	40%	45%	50%	55%
控除額	−	10 万円	25 万円	65 万円	125 万円	175 万円	250 万円	400 万円

※特例贈与財産に該当しない場合の贈与（兄弟間、夫婦間、親から未成年の子への贈与等）

【贈与税】特例贈与財産用（特例税率）

基礎控除後の課税価格	200 万円以下	400 万円以下	600 万円以下	1,000 万円以下	1,500 万円以下	3,000 万円以下	4,500 万円以下	4,500 万円超
税率	10%	15%	20%	30%	40%	45%	50%	55%
控除額	−	10 万円	30 万円	90 万円	190 万円	265 万円	415 万円	640 万円

※祖父母や父母からその年の 1 月 1 日において 20 歳以上の子や孫への贈与

【相続税】

法定相続分に応ずる取得金額	税率	控除額
1,000 万円以下	10%	−
3,000 万円以下	15%	50 万円
5,000 万円以下	20%	200 万円
1 億円以下	30%	700 万円
2 億円以下	40%	1,700 万円
3 億円以下	45%	2,700 万円
6 億円以下	50%	4,200 万円
6 億円超	55%	7,200 万円

贈与とは、財産を「あげる」「もらう」というお互いの意思の合意で成立する契約です。

生前贈与には「暦年贈与」と「相続時精算課税制度」があります。

暦年贈与は、毎年1月1日から12月31日までの1年間に贈与を受けた財産について110万円まで非課税となり、それを超える部分に税金がかかります。これは財産をあげる側ではなく、もらう側にかかる税金です。暦年贈与の贈与税と相続税の税率は表19のとおりです。

相続税と暦年贈与の贈与税を比較すると、基礎控除額の違いもありますが、大きな額になればなるほど、贈与税の税率のほうが高いのです。そのため、暦年贈与は、少額を複数年で複数回贈与することで、大きな額にすることができます。ただし、相続開始から3年以内の贈与については相続財産として計上されます（※2024年からは7年）。早く始めるほど、相続財産に持ち戻すリスクが低いのです。

例えば、図22をご覧ください。相続財産として1億円の預金があり、相続人が子ども3人の場合、基礎控除は4800万円となり、この場合の相続税額は約630万円になります。

そこで相続対策として相続人1人当たり年間100万円ずつ10年間贈与し、10年後に亡くなったとします。

図22　相続財産１億円、相続人が子ども３人の場合

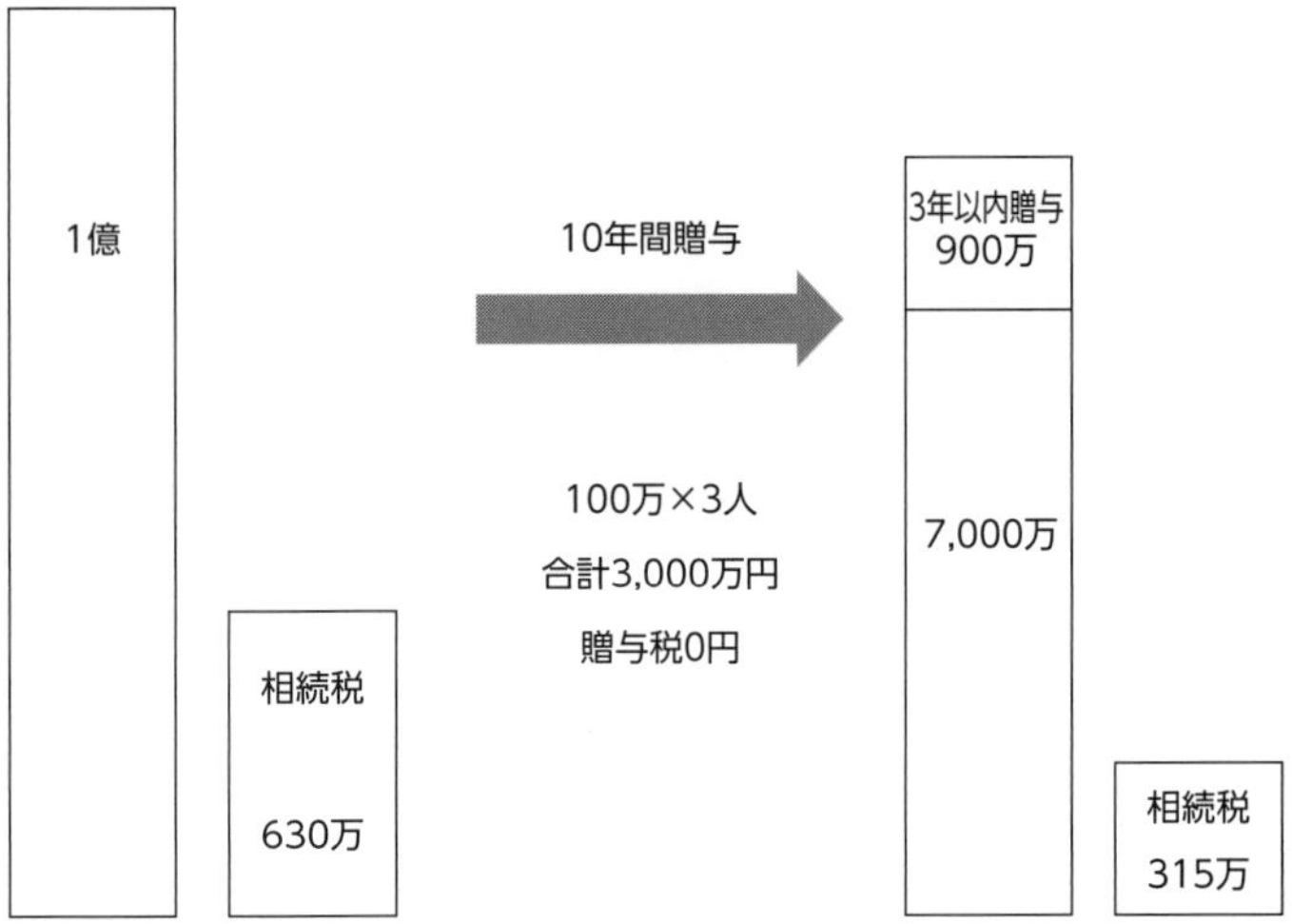

相続人が３人なので年間合計３００万円贈与することになり、10年間の贈与額の合計は３０００万円となりますが、贈与税はかかりません。当初の預金額1億円から差し引くと、10年後の預金額は７０００万円となりますが、相続財産としては３年以内の贈与分９００万円が加算され、合わせて７９００万円になります。

この場合の相続税額は約３１５万円となり、10年間の贈与で相続税額を約３１５万円節税することができます。

このように、時間はかかりますが**暦年贈与をすることで財産が相続人に移り、被相続人の相続財産が少なくなることで相続税を節税**できます。

相続財産が多い場合は、１１０万円の基

礎控除を超えた贈与も有効であり、相続税額と贈与税額を比較して、少ない税額になる額を贈与していくことが節税につながります。

贈与する場合の注意点として、贈与をしているつもりで、子ども名義の預金通帳に預金しても、通帳や印鑑を親が管理している場合は税務署から名義預金と判断され、相続財産として課税されます。

贈与をする場合はその都度、贈与契約書を作成し、受け渡しも銀行振込を利用するなど、記録を残しておきましょう。

また、あげる側もしくはもらう側が認知症などの意思確認ができない状態では贈与として認められないことや、相続人一人だけに贈与をするなど、偏った贈与を行うと、特別受益として遺産分割時にもめることがあるので、これも注意が必要です。

相続時精算課税制度とは、原則60歳以上の父母または祖父母から、18歳以上の子または孫に対して財産を贈与した場合に選択できる制度です。

この制度を利用すると、**限度額2500万円までの贈与に対して贈与時は非課税となり、相続時に相続財産として贈与時の評価額を基に相続税が課税される**ことになります。贈与時に税金はかかりませんが、相続には課税されるので、相続税の節税効果*[2]はありません。

贈与時の評価額で相続税を算出するため、これから評価が高くなる財産については検討してもいいかもしれませんが、評価が下がる財産については増税につながってしまいます。

一度、相続時精算課税制度を利用すると、それ以降暦年贈与が利用できなくなるうえ、2500万円を超える贈与については一律20％の税率で贈与税が課税されるため、この制度を利用する場合は注意が必要です。

＊2　**相続税の節税効果**――2024年1月1日以後は、110万円までは控除される制度が新設されます。そのため、相続時精算課税により2500万円を早く移転しつつ、毎年110万円の非課税枠を利用できます。

4 養子縁組（養子を加えた場合の相続税総額の違い）

相続税の節税対策で、手続き上すぐに着手できるのが養子縁組です。

相続税では、基礎控除額、生命保険や死亡退職金の非課税限度額、相続税総額の計算について、法定相続人の数を基に算出されるので、法定相続人の人数が多いほど節税効果は大きくなります。

その法定相続人を増やすために養子縁組を活用します。

被相続人に実子がいる場合は1人まで、実子がいない場合は2人まで養子縁組で法定相続人を増やすことができます。

養子縁組とは法的な親子関係を成立させる制度で、「普通養子縁組」と「特別養子縁組」があります。通常、相続対策で行う普通養子縁組は養子になっても実親との親族関係は残り、戸籍上「養子」「養女」と表記され、実親との関係も残りますので併記されます。特別養子縁組は家庭裁判所の審判を経て養子縁組が成立し、戸籍上「長男」「長女」などと表記され、実親との関係は解消されます。

図23をご覧ください。例えば、夫婦と実子2人の4人家族で、被相続人である夫の相続財産が2億円あり、その内訳は預金1億6000万円、生命保険2000万円、死亡退職金2000万円の場合、基礎控除額は4800万円、生命保険の非課税枠が1500万円、死亡退職金の非課税枠が1500万円となり、基礎控除と非課税枠の合計額は7800万円になります。相続財産からこの合計額を差し引くと1億2200万円が相続税の課税遺産総額となり、各人の取得金額は妻が2分の1の6100万円、実子が4分の1ずつの3050万円となり、それぞれの算出税額は妻が1130万円、実子がそれぞれ410万円、相続税の総額は1950万円になります。

この家族に養子を1人加えた場合は、基礎控除額が5400万円、生命保険の非課税枠が2000万円、死亡退職金の非課税枠が2000万円となり、非課税枠と控除の合計額は9400万円になります。課税遺産総額は1億6000万円で、各人の取得金額は妻が5

図23　養子を一人加えた場合の相続税総額の比較

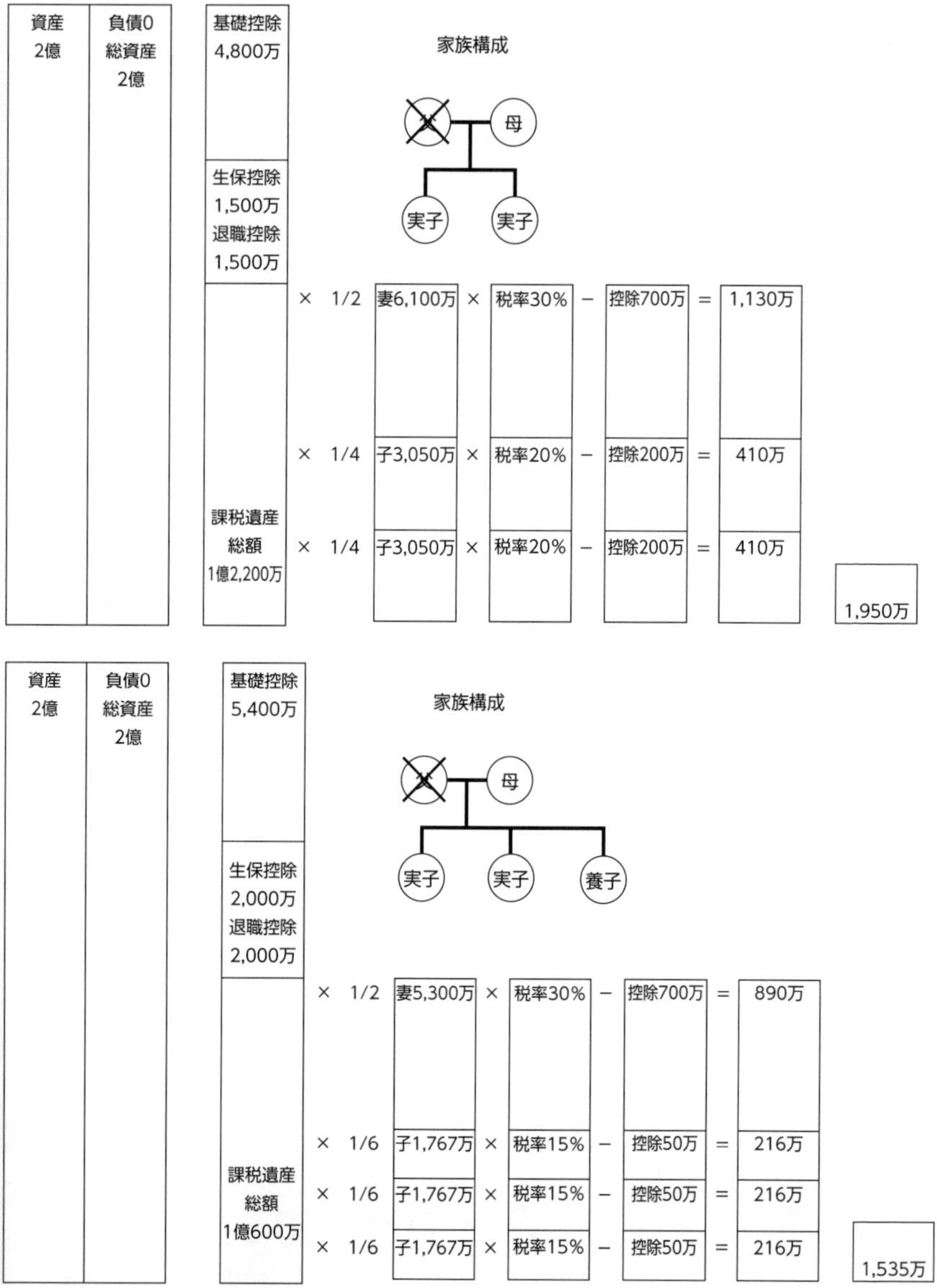

300万円、実子と養子がそれぞれ6分の1ずつの約1767万円となり、それぞれの算出税額は妻が890万円、実子がそれぞれ216万円、相続税の総額は1535万円になり、相続税額が415万円引き下げられます。

このように、養子が1人増えることで、基礎控除額が600万円、生命保険の非課税枠が500万円、死亡退職金の非課税枠が500万円、合計で最大1600万円も課税遺産総額を引き下げることが可能になります。さらに、課税遺産総額から法定相続分で分割しますので、1人当たりの取得金額が少なくなることで税率が低くなり、結果として相続税の総額が引き下げられるという二重の効果があります。

実務上では孫や子どもの配偶者を養子にする場合が多いですが、被相続人の一親等の血族である両親と実子および配偶者以外は相続税が2割加算され、養子になる場合でも相続税の2割加算は変わりませんので注意が必要です。ただし、実子の代襲相続人となる孫は2割加算の対象とはなりません。

5 不動産組み換え（時価と相続税評価額との乖離を利用する）

第3章①で、守るべき資産の単位は時価であるとお伝えしたように、相続税を支払った後の時価の純資産を多くすることが、相続税の節税対策の本質であり、目標になります。

相続財産の評価額を算出したときに、時価と相続税評価額との乖離があるのが不動産です。この**乖離を活用するのが不動産を使った相続税の節税対策**になります。

不動産の評価は、一物四価[*3]、一物五価、一物六価と呼ばれることがあります。相続で主に使うのは、時価、公示価格、相続税評価額、固定資産税評価額です。

①時価（実際に取引される価格）
②公示価格（国土交通省が毎年発表する土地算定価格。取引される土地価格の指標）
③相続税評価額（相続税の算定の基となる価格。公示価格の約80％）
④固定資産税評価額（固定資産税の算定の基になる価格。公示価格の約70％）

時価が公示価格に近い土地の場合、相続税評価額は公示価格の約80％になることから、現金を土地に変えるだけで相続税評価額を約20％下げることができます（ただし、時価と公示価格には乖離があることが多いのです）。

さらにその土地にアパートを建築した場合、建物の相続税評価額は建築費用の約40％～60％になります。

そのアパートを賃貸することで土地は「貸家建付地」となり、借地権割合にもよりますが約10%～20%の評価減、さらに建物は相続税評価額を最大30%引き下げることができます。相続対策で地主さんがアパートを建築しているのは、この仕組みを利用したものです。

＊3　一物四価——一つの土地に、「実勢価格」「公示価格」「相続税評価額（路線価）」「固定資産税評価額」の4つの異なる価格があること。これに基準地価を加えたものが一物五価、さらに「鑑定評価額」を加えたものを一物六価という。

図24は、保有する現金で土地を購入後、アパートを建築して賃貸した場合の相続税評価額の推移を表したものです。

相続税評価額は圧縮され、相続税額も減少し、一見、対策として成功しているように見えますが、時価を見てみると図25のようになります。

アパートの時価は、土地の価格と建築費を足したもので算出されるのではなく、そのアパートの収益に対して、その地域の利回りによって割り戻すことで算出され、多くの投資家が利用しています。

例えば利回りが8%の地域で1億円の土地に1億円の建物を建て、アパートの収益が年間800万円の場合、800万円÷8%で、アパートの時価は土地建物含めて1億円ということになります。このアパートであれば投資家は1億円なら買うということです。

第4章

図 24　現金で土地を購入後、アパートを建築して賃貸した場合の相続税評価額の推移

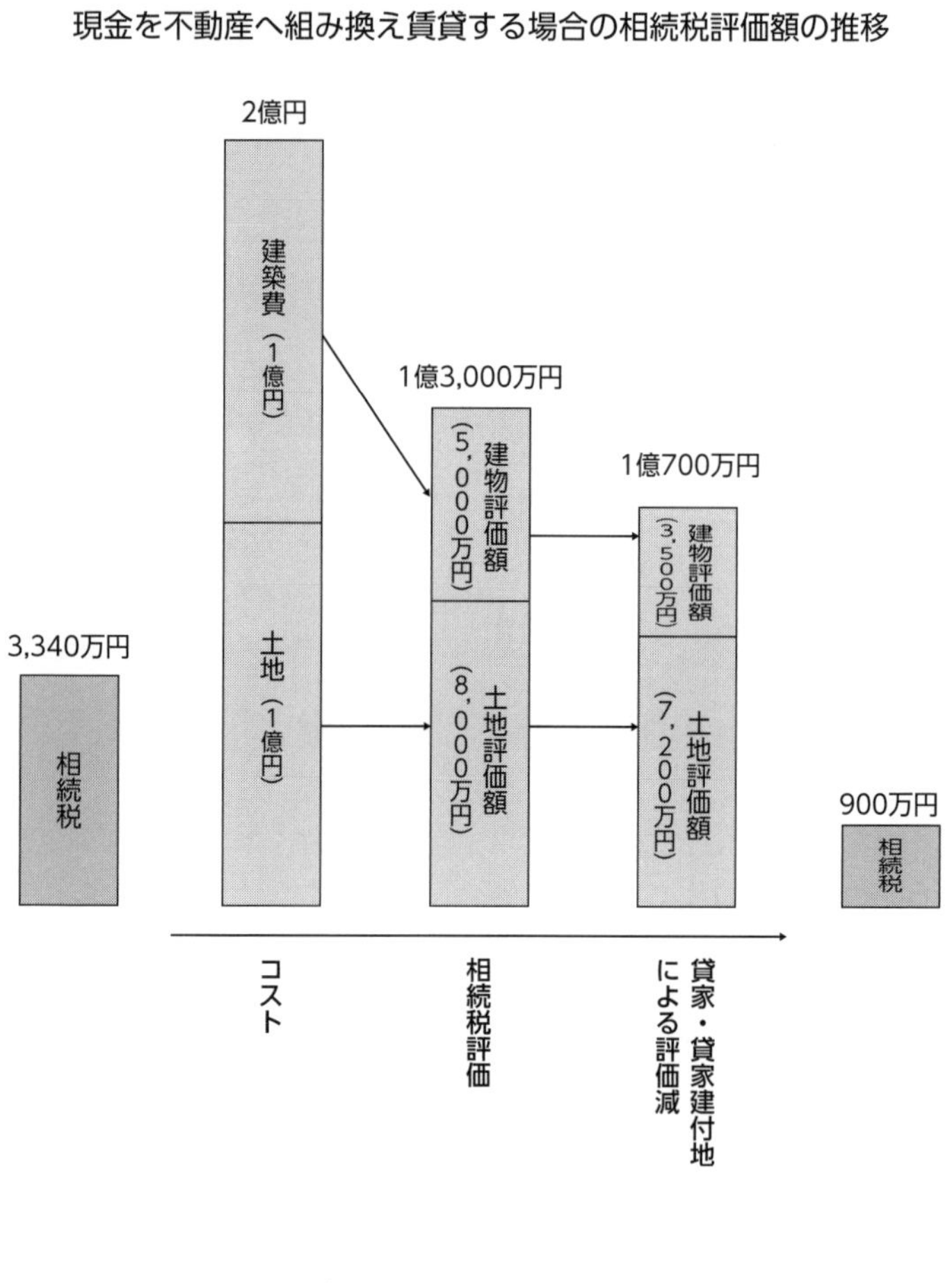

図25　図24に時価を加えて見た場合

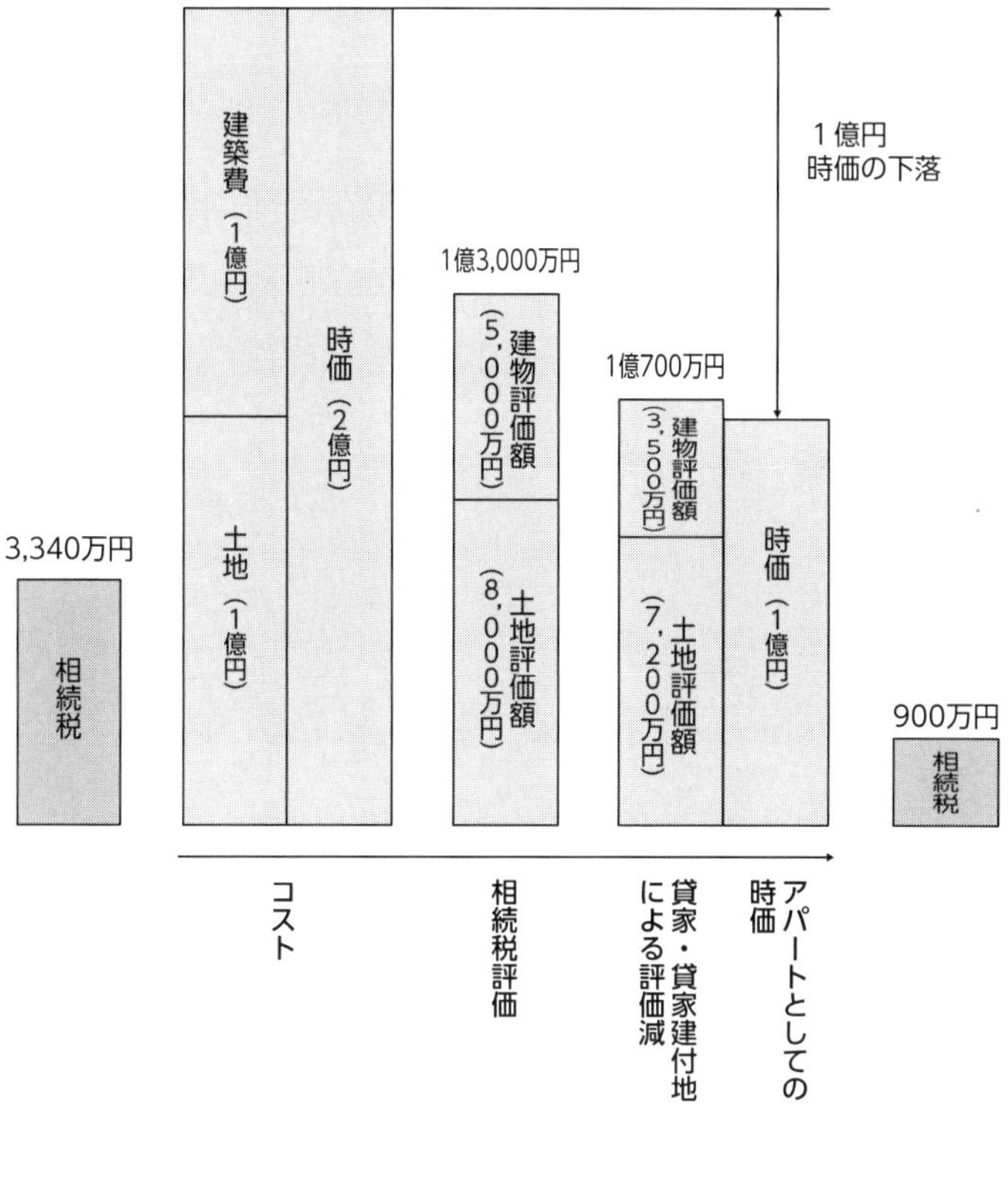

2億円投資したのに建築直後の時価は1億円になります。つまり、建築したことで1億円もの時価を減少させてしまいます。

投資家が土地を購入してこのアパートを計画する場合は、計画の時点で収益に対して投資額が大きすぎるために投資の対象にならないことが分かりますので、投資することはありません。しかし地主さんの場合、もともと土地を保有しているので、土地に対して1億円を投資したという感覚がなく、実際の投資額は建物の1億円のみと錯覚してしまい、2440万円の**相続税を下げるために、時価評価額が1億円も下がるようなアパートを建築してしまう**のです。このような状況は決して他人ごとではなく、相続対策でアパートを建築した大半の地主さんがこのような状況になっています。

それでは、この方が現金1億円で図26のような不動産を購入した場合はどうでしょうか。建物は固定資産税の評価額となりますので、3500万円の評価となります。そしてアパートとして貸していますので、評価額から借家権割合を引くことができます（図27）。

〈算式〉
貸家の価格 ＝ 建物の固定資産税評価額 －（1 － 借家権割合 × 賃貸割合）

図 26　土地建物合計が１億円の物件を購入

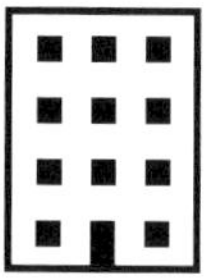

アパート
土地建物合計　1億円
10戸/10戸入居
固定資産税評価額（建物）　3,500万円
相続税路線価　10万円
借地権割合　60%
敷地面積　400m²

図 27　土地建物の時価、相続税評価、貸家・貸家建付地への変化

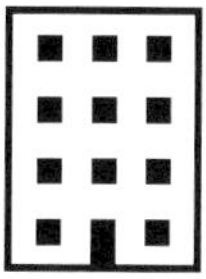

土地建物合計
1億円

→

土地
相続税評価額　4,000万円
建物
相続税評価額　3,500万円

↓

土地
4,000万円 ×（1 − 60%×30%×100%）＝3,280万円
建物
3,500万円 ×（1 − 30%×100%）＝2,450万円

相続税評価額
5,730万円

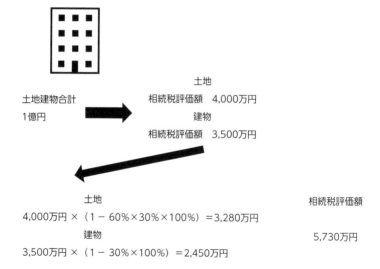

土地は相続税路線価から算出した4000万円が評価額となります。そして、こちらもアパート敷地となっていますので、次の算式で求めた価格により評価します。

〈算式〉

貸家建付地の価格 ＝ 自用地としての価格 －（1 － 借地権割合 × 借家権割合 × 賃貸割合）

この場合には預貯金で持っていた場合と比べると、4270万円の評価額の差額になり、預貯金を不動産にしたことで、差額分が圧縮できたことになります。

また、これらを利用した相続対策で土地価格が高い都市部不動産への組み換えをして、第2章[5]で紹介した「小規模宅地等の特例」「貸付事業用宅地等」を適用することで圧縮効果をさらに高めることができます。先ほどの1億円を図28のような都市部の不動産へ組み換えたと想定してみましょう。

同じ1億円の不動産を購入した場合でも、都市部不動産は地方不動産よりも土地の坪単価が高いのが一般的ですから、土地の面積は小さくなり、貸付事業用宅地等の限度面積に

図 28　都市部の土地建物合計が１億円の物件を購入

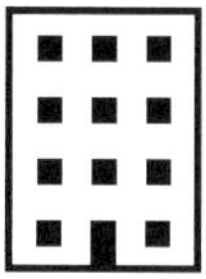

アパート

土地建物合計　1億円

10戸/10戸入居

固定資産税評価額（建物）　2,100万円

相続税路線価　28万円

借地権割合　60%

敷地面積　200m²

図 29　都市部における不動産の土地建物の時価、相続税評価、貸家・貸家建付地の変化

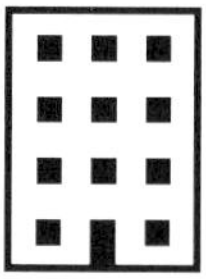

土地建物
時価1億円

→

土地
相続税評価額　5,600万円
建物
相続税評価額　2,100万円

土地

5,600万円 ×（1 − 60%×30%×100%）＝4,592万円

4,592万円 −2,296万円＝2,296万円

建物

2,100万円 ×（1 − 30%×100%）＝1,470万円

相続税評価額

3,766万円

※小規模宅地等の特例（貸付事業用宅地）による減額分

4,592万円 ×50%＝2,296万円

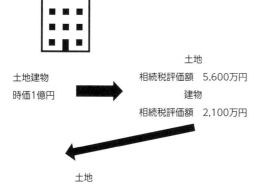

収めることができています。都市部不動産へ組み換えることと貸付事業用宅地を利用したことで、時価と相続税評価額の乖離は６２３４万円となり、大きな圧縮効果を得ることができました（図29）。

このように不動産の時価と相続税評価額をきちんと把握し、相続対策で起こる時価と相続税評価額の変化を把握することで、資産を守りながら節税をすることが可能になります。**不動産は時価が高くて相続税評価額が低いと、時価の割合に対して支払う相続税額が低くなり、その乖離が大きければ大きいほど「相続に有利な不動産」**といえます。その逆に、時価より相続税評価額が高いと時価の割合に対して支払う相続税額が高くなり、「相続に不利な不動産」になります。

図30のように、相続までの間に「相続に不利な不動産」を「相続に有利な不動産」に組み換えることで時価の割合に対しての相続税額が引き下げられ、相続税の節税が可能になります。

しかし、相続直前期の評価上有利な不動産購入は税務署に否認されるケースがあるため、注意が必要です。過度な節税と判断されるためです。あくまで、節税対策としてではなく、不動産賃貸業としての取得であると税務署が判断できるように、早めに着手したり、日頃から不動産の組み換えを行うといいでしょう。

図30 「相続に不利な不動産」から「相続に有利な不動産」への組み換え

時価は同じでも相続税評価の違う不動産

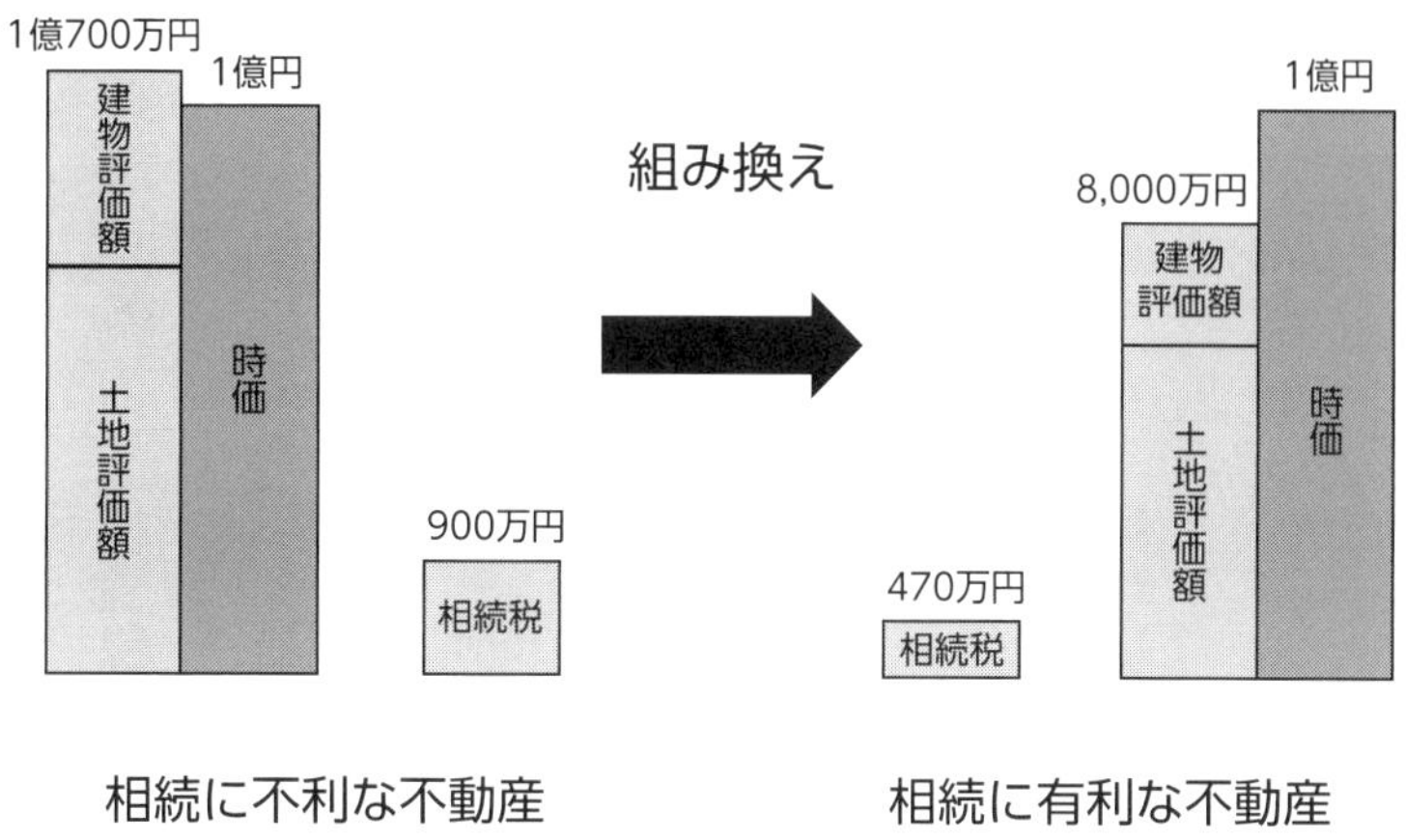

この項でお伝えしたように、不動産の購入と、自分が持っている土地にアパートを建築することは似ているようで、資産の動き方としてはまったく違います。もし、あなたが土地をお持ちで、相続対策としてアパート建築を検討または勧められているのであれば、本当に目的が達成できるのかを確認するためにも、一度立ち止まって相続の専門家に相談してください。アパート建築はあくまでも目的を達成するための一つの手段であり、相続対策の内容によってその結果は良くも悪くもなります。時価と相続税評価額、加えて収益性をきちんと算定できる専門家とともに対策を進めることが重要です。

4 納税資金対策――相続税を支払うための現金づくり

相続税の節税対策でどれだけ相続税を減らすことができても、相続時に相続税を納める現金がなければ十分な相続対策とはいえません。

相続対策の中で、遺産分割対策と節税対策と同時に進めていかなければならないのが納税資金対策です。多くの資産を相続財産として遺すことができても、固定資産である不動産が多くて、すぐに現金に変えられる預貯金・生命保険・有価証券などの流動資産が少なければ、相続税の支払いのために売りたくない不動産を手放さなければならない可能性も出てきます。

図31のような相続財産の場合、現金化しやすい流動資産より支払う相続税額が大きいため、相続税の納税に向け、現金などの流動資産の比率を高める必要があります。また、現状で納税資金が足りていたとしても、収入より生活費が多ければ流動資産は減少し、納税資金が足りなくなる可能性もあります。

相続時の納税資金を確保するための流動資産を増やす方法としては、短期的な方法と複数年で対策する方法があります。

短期的な方法としては不動産の売却です。被相続人がご高齢な場合など、相続発生までの期間が短い場合は、利用していない不動産や収益が上がらない不動産を事前に売却して納税資金を確保することができます。前述しましたが、相続税評価額より時価の低い不動産については相続税の節税にもつながりますので、優先的に売却することで、相続税の節税と納税資金確保の2つの効果が得られます。

図 31　相続財産の構成と相続税

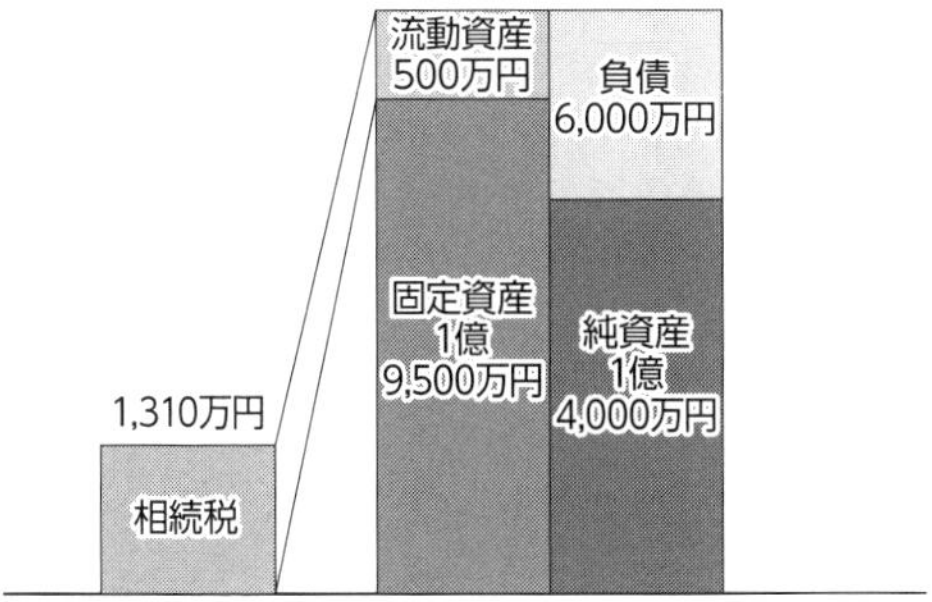

相続後に急いで売却すると売却価格が適正価格より低くなる場合が多いため、余裕がある生前のうちに売却することで、適正な価格での売却が可能になります。

また、対象不動産の近隣の人とは、相続人より被相続人との関係が良好な場合が多いようです。被相続人が元気なうちに、不動産を売却する時に必要になる確定測量や越境の覚書、私道の通行掘削の承諾などの問題を解決しておくことで、不動産の売却手続きがスムーズに進められます。

このほかに長期的な方法として、生命保険の活用と不動産の運用があります。

生命保険の活用では相続時の相続税額を把握し、その金額に応じた生命保険に加入することにより、相続時に受け取る保険金を納税資金として確保できます。

本章3節❷の生命保険の項でお伝えしましたが、生命保険は受取人固有の財産となるため、遺産分割対策に影響を及ぼす可能性があるので、遺産分割対策も併せて行う必要があります。

不動産を所有している場合、その**不動産を運用し、得られる収益を積み立てる方法で納税資金を確保**できます。収益不動産を保有しているのに流動資産が足りないというのは、保有する不動産の相続税評価額に対して得られる収益が少ない点が原因であるため、所有している不動産が現在どのような状況にあるのかを把握することが重要です。その分析結果から、不動産の運用方法を改善し、税引き後の収益を大きくすることや、収益性の高い不動産へ組み換えていくことで、流動資産も増えていきます。

納税資金対策では長期的な計画を作成し、**今ある財産からお金を生む仕組み**を作ることが重要です。

5 認知症対策——判断能力があるうちに専門家と対策を

認知症対策は、相続発生後の問題に対して行う遺産分割対策、節税対策、納税資金対策と違い、相続が発生するまでの間に起こる問題への対策であり、目的も大きく異なります。認知症になることで制限される法律行為を、事前の手続きによって実行できるようにするのが認知症対策です。

内閣府の統計によると、2012年の認知症患者数は462万人と65歳以上の高齢者の7人に1人の割合でしたが、2025年には約700万人と5人に1人の割合になることが予想されています。将来、家族の中に一人は認知症の高齢者がいることになると言っても過言ではなく、今後、各家族において認知症対策を検討せざるを得なくなりそうです。

それでは、認知症と判断されると、相続においてはどのようなことが制限されるのでしょうか？

認知症と判断された場合、預金口座を本人が使えなくなったり、契約などのさまざまな法律行為が制限されてしまいます。そうなることで、養子縁組や遺言書作成、生前贈与、生命保険加入といった相続対策ができなくなります。

事業をされている場合、銀行からの入出金や物品の売買、契約などの、事業を運営するうえで必要な法律行為が制限されてしまうと、事業の運営自体ができなくなってしまうので、多くの事業者は、認知症になる前に、事業の廃業や、次の代へ事業承継を行います。

これがアパート経営者の場合、入居者との契約が続いていることや、借入でアパートを建築しており、借入返済のために途中で事業をやめることができないうえ、管理会社に管理を委託していることで、本人が行わなくても事業としてある程度運営できてしまうので、そのまま事業を継続している方が多いのです。しかし、認知症対策を準備しておかないと、日頃から新規入居者との契約や、修繕費用などの出金といった手続きがあるため、認知症と判断されると銀行口座の入出金や新規の入居者との契約ができなくなり、アパート経営の継続が不可能になります。

このような場合、成年後見などの法定後見制度が適用され、家庭裁判所により後見人が選任されるのですが、本人の意思は全く反映されないため、事前に本人の意思を確認して作成する「任意後見制度」や「信託」といった法的手続きを取っておくことが重要になってきます（「信託」については本章5節2を参照）。

このあと、それぞれの制度を説明しますが、認知症対策では、制限される法律行為を後見人などが一部行える場合があります。

遺産分割や相続税の節税、納税資金の確保の対策とは目的が異なるため、遺産分割対策、節税対策、納税資金対策を認知症になる前にしっかりやったうえで行ってください。

また、認知症対策を提供する側によっては、認知症対策という商品やサービスを購入してもらうこと自体が目標になっているケースもあり、不必要な高額商品やサービスを売りつけている場合があります。そのため認知症対策は、認知症になった場合でも、相続が発生するまでに必要な手続きや運用を行う手段の一つとして、判断能力があるうちに専門家と一緒に対策を進めることが重要になります。

1 任意後見契約（「任意後見制度」を利用する）

認知症対策は相続が発生するまでの間に起こる問題に対して行う対策であり、生前に制限される法律行為を後見人などが一部行えるようになります。

成年後見制度で行える行為は、預貯金の管理や契約、納税などに限られ、養子縁組や遺言、贈与、不動産の組み換え——などのほとんどの相続対策を行うことができません。認知症になる前に、遺産分割対策、節税対策、納税資金対策を行っておくことが前提となり、そのうえで、認知症になった場合のリスクを軽減するために成年後見制度を利用します。

第4章

成年後見制度には、家庭裁判所が後見人を選ぶ「法定後見制度」と、自分で後見人を選ぶ「任意後見制度」があります。

法定後見制度は本人がすでに判断能力が失われているか、判断能力が不十分なため、自身で後見人を選ぶことができないことから、家庭裁判所が後見人を選任するものです。任意後見制度は、自身の判断力があるうちに今後を見越して後見人を自ら選任し、自身の判断能力が衰えたときに後見人になってもらう仕組みです。認知症対策では、後者の任意後見制度を活用することで、自分が決めた後見人に財産の管理を託すことができます。

任意後見契約の手続きは、公証役場において公証人立ち会いのもと、本人の意思を確認して作成され、将来判断能力が不十分になった場合、家庭裁判所に申し立てを行います。任意後見人の職権乱用を防止するための任意後見監督人が選任されると契約の効力が発生し、選ばれた任意後見人が契約で定めた法律行為を本人に代わって行えるようになります。

任意後見人の仕事は「財産の管理」と「身上保護」「その他法律行為」の大きく3種類に分けられます。財産の管理は、財産に対する各種契約や預金の管理、税金の申告などであり、身上保護は、介護サービス提供の契約や入院の手続き、要介護認定の申請などを行います。

また、そのほかの法律行為では裁判の原告や被告になることができますが、養子縁組や

図32　任意後見人が行える仕事

仕事の種類	仕事の内容	仕事の対象か↓
財産管理	・預金や保険及び有価証券の管理・年金等の受領等	○
	・売買契約・賃貸借契約・借入時の契約等	○
	・税金の申告・登記手続き等	○
身上保護	・医療契約・介護契約・施設入所契約	○
	・要介護認定の申請	○
	・食事・入浴・看病等	×
その他法律行為	・訴訟	○
	・結婚・離婚・養子縁組・離縁等	×
	・遺言書の作成等	×

遺言の作成、贈与などはできません。

これらをまとめたものが図32になります。

あくまで、任意後見契約に記載したものが委任する内容となり、法律の趣旨に反しない限り、自由に決めることができます。任意後見人の報酬は、本人と任意後見人との話し合いで決まり、一般的には任意後見人が弁護士などの第三者の場合は報酬を支払い、身内の場合は無報酬の場合が多いようです。

後見開始時に家庭裁判所から選任される任意後見監督人の仕事は、任意後見人の事務処理が適正に行われているかをチェックし、家庭裁判所へ定期的に報告することです。

2019年3月18日に最高裁判所は、「後見人は身近な親族を選任することが望ましい」という考え方を示していますが、財産が多い場合や、財産の構成が複雑な場合には第三者の専門家である弁護士や司法書士が就任することが多くなると予測されます。

任意後見人に不正行為などがある場合には、委任者やその親族の請求を受けて、家庭裁判所が任意後見人を解任することができます。

任意後見契約を解除する場合、時期により要件が変わり、任意後見監督人が選任される前であれば、公証役場において公証人の認証を受けた書面によって、委任者もしくは後見受任者のどちらからでも解除できますが、任意後見監督人が選任された後では、正当な理由がある場合に限り、家庭裁判所の許可を受けて解除することになるので注意が必要です。

このように、任意後見契約では認知症発症後の財産を本人に代わって管理することができますが、養子縁組や遺言、贈与、不動産の組み換えなどの相続対策はできないうえ、費用がかかります。また、相続人として遺産分割協議を行う場合、成年後見人は被後見人の不利益になる判断は行わないので、相続人全体では不利益であっても、法定相続分を相続財産として主張することになります。このようなメリットとデメリットを把握し、制度をしっかりと理解して適切に利用することが重要です。

2 信託（信頼できる受託者に想いを託す）

「信託」という制度をご存知でしょうか？

契約行為に基づく制度で、近年活用の幅が広がってきています。では、この信託によってどのようなことが可能になるのでしょうか。

例を挙げて説明します（図33）。

図33 「信託」の関係

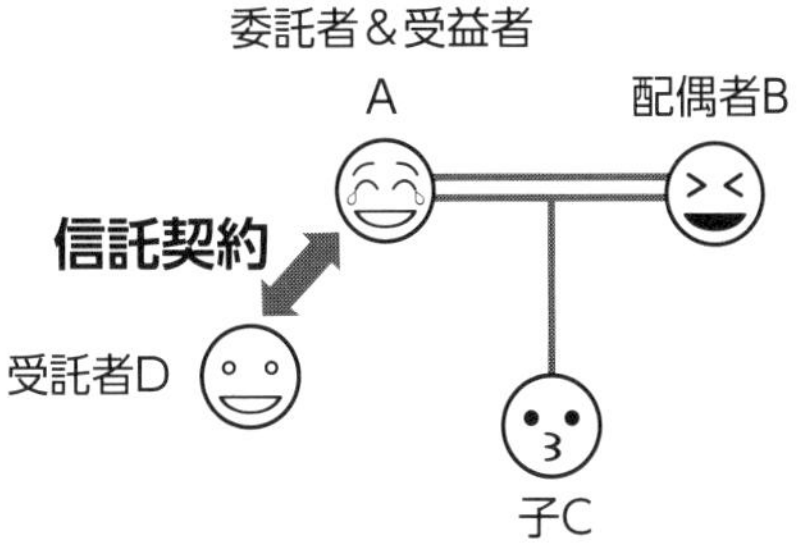

Aには配偶者Bと子Cがいます。AB夫婦は2人暮らしのため、Aが亡くなった場合、Bは1人になってしまいます。その場合でも子Cの負担を減らせるよう、Bの生活費やBが施設に入る際の費用は用意しておきたいところです。Aは子Cの相続税の納税資金も心配です。急に困ることがないよう、あらかじめ準備しておきたいと考えてます。

Aはいくつかの不動産を保有しています。そこで、Bの生活費とCの納税資金対策のために不動産の一部売却を検討しました。

しかしA自身も高齢のため、自分が元気な間に対策が完

図34　受託者との信託契約4　「信託」の関係

A(委託者):相続対策したいが、自身も高齢のため病気や認知症が心配	
Bのために資産運用したい	Cのために納税資金を残したい

D(受託者):B・Cのために行う対策を弟Dに委託	
DがAの財産を運用	DがAの財産を売却

A(受益者):Dが動いた結果生じた利益をもらう	
資産運用の利益を受ける	売却したお金を受け取る

図35　委託者と受託者の関係

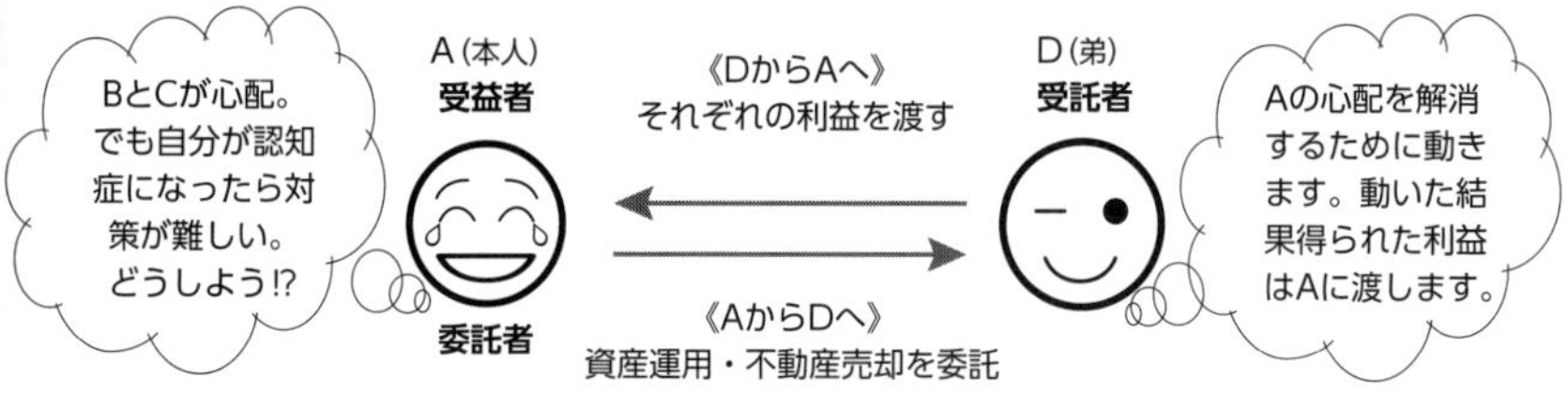

《DからAへ》
それぞれの利益を渡す
《AからDへ》
資産運用・不動産売却を委託
D(弟)

Aの心配を解消するために動きます。動いた結果得られた利益はAに渡します。

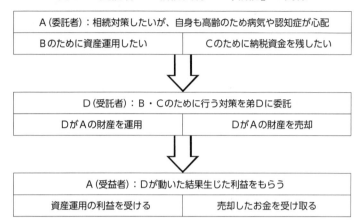

BとCが心配。
でも自分が認知症になったら対策が難しい。
どうしよう!?
A(本人)

了するかどうか心配です。とはいえ、重病や認知症にかかったら契約行為などはできなくなってしまいます。

幸いにも、Aには信頼できる年の離れた弟Dがいました。このDを受託者、Aを受益者として信託契約を結ぶことにしました（図34）。

これによりAが重病や認知症になったとしても、Aの想いを受け継いだDが契約などを行えるようになります（図35）。

この例ではAが委託者兼受益者となっていましたが、Dが資産運用で動いた結果得た利益をBが受益者として受け取ることや、資産売却で得た利益をCを受益者として渡すこともできます。ただし、そうした場合、Aの存命中は、BとCはAから利益をもらったことになり、BとCに対し贈与税が課税されますのでご注意ください。

ちなみにこの信託契約に、Aが亡くなった際にはどうするかということを追加することができます。信託はとても複雑な契約ですので、ほかの対策と照らし合わせた慎重な検討が必要です。

Aの想いが伝えられる方法は信託以外にもあります。

例えば、本章の3で紹介した遺言書です。Aが元気な間に遺言書を書いておくことによ

表20　信託と遺言の違い

想いを伝える方法（信託と遺言の違い）	
遺言	信託
・生前に対策の結果を見ることができない。 ・どの資産を誰に引き継ぐかという指定しかできない。受け継いだ資産をどうするのかを指示できない。	・生前に対策の結果を見ることができる。 ・受け継いだ資産を売却しなければならないなどの指定ができる。

り、相続人にAの想いを伝えることができます。

信託との違いは、効力発生のタイミングにあります。信託は契約締結時ですが、遺言書は相続発生時です。信託では効力発生時期を指定できるため、Aは生前に自らの目でDがB・Cのためにどのような対策を取ってくれるかを見ることができます。遺言書は相続発生時に効力が生じるので、Aはその後相続人がどうするかを見ることはできません。また、遺言書では相続人が受け継いだ資産をどう活用・処分するかまでは指定できません。このように、生前に効力のある信託と、相続発生後に効力のある遺言を組み合わせて相続対策を行っていきます（表20）。

また、認知症対策では信託以外にも前述した後見制度があります。

後見制度では、介護施設に入所したいという理由で自宅を処分する際に裁判所の許可が必要になり、売却できるまで長い期間を要するケースもあります。後見人が被後見人に代わ

表21　信託と後見の違い

認知症対策（信託と後見の違い）	
後見	信託
・例えば納税資金対策など、計画的に売却できない。 ・不動産を売却する際、裁判所の許可が必要となり、時間がかかる。	・受託者に任された範囲で、計画的に売却できる。 ・裁判所の許可は不要なので、比較的時間がかからない。

って法律行為ができるとはいえ、被後見人の想いを受けて計画的に管理・処分できるわけではなく、被後見人の財産を守るための最低限の行為が許されているにすぎません。そのため、介護施設に入所する目的で自宅を売却するなどの理由ではなく、資産運用としての売却は認められません。これにより、計画的な資産運用や、相続人のための財産処分などは難しい面もあります（表21）。

信託はほかにも二次相続人の指定が可能など、幅広い活用ができますが、ほとんどの対策と同様に、委託者の認知症発症後には組成することができません。信託は相続対策の場面では財産管理の手段として用いられることがありますが、信託ありきで対策を進めるのではなく、財産管理の目的（資産を増やしていきたいのか、納税資金を確保したいのかなど）を明確にし、全体のバランスをみて、目的を達成するための手段として採用するようにしてください。

まだまだコストが高いということもあり、実際には認知症

第4章

を発症する前にすぐに売却したほうがいい場合や、ほかの対策のほうがメリットがあるというケースもありますが、上手に活用できればかなり有効な対策となります。専門家とともに全体の状況を把握し、慎重に検討することをお勧めします。

6 法人化――資産運用と認知症対策

相続は私たち個人（自然人）に限って発生する制度です。法人（法律によって自然人と同じ権利義務を認められた組織）には該当しません。ただし、法人を構成する株式は個人の相続の対象になります。この法人という人格を上手に使うことにより、資産運用および相続に有効に働く方法があります。

では、個人と法人では何がそれほど異なってくるのでしょう。

まず大きなメリットの一つとして所得税と法人税の違いが挙げられます。

両方とも個人または会社の利益に対する税金を指しますが、この税率に違いがあります。個人の場合、住民税まで合わせると最高税率が55％になります。所得の半分以上に税金がかかることとなります。

法人の場合だと、２０２２年10月現在、法人税実効税率は所得８００万円超で約34％程度です。個人の最高税率と比較するとおよそ20％の開きがあります。これは個人の最高税率（課税所得金額４０００万円超）と比較した場合の例です。累進課税ですので所得が低くなれば税率も下がりますが、法人税も所得８００万円未満の場合は約24％になります。個人も法人も所得によって税率が変わってきますが、**将来的に純資産を増やしていくつもりであれば法人化すること**をお勧めします。

ただし、法人化を検討する場合の注意点があります。一つは赤字でも法人均等割で税金（約7万円）を納めなければならないこと、もう一つは役員報酬や給与を支払う場合には社会保険料が発生することです。

また法人化した場合、個人の場合とは相続発生時の手続きと相続税評価方法が大きく異なります。法人の代表者が亡くなった場合を考えてみましょう。仮にその相続人が新たな代表に就任したとしても、法人には相続というものが発生しません。相続は自然人のみに適用される制度なので法人には該当せず、この場合は代表者変更手続きで済みます。

ただし前述したとおり、法人の株式を前代表者が保有していた場合、株式は資産に含まれるため、相続の対象になります。例えば、株式総数が50株で、１株当たりの相続税評価額が１００万円だったとします。これを前代表者が全て持っていた場合、５０００万円分の相続財産となります。当然、相続税の課税対象になりますし、遺産分割の対象にもなり

表22　法人化のメリットと注意点

法人化のメリットと注意点	
メリット	注意点
・所得税率が低くなることがある ・贈与がしやすい ・認知症対策に有効 ・不動産を法人に移すことで、節税できる場合がある	・所得次第では個人のほうが低税率 ・株価の変動に注意 ・法人化する際のコストがかかる ・社会保険料の発生や赤字でも法人均等割の発生など、個人の場合ではかからなかったコストもかかる

ます（法定相続分、遺留分を計算する上での株価の評価は500万円と乖離する場合があります）。

しかし、株式は生前において、不動産よりも比較的手間をかけずに贈与できます。不動産も生前に贈与できますが、登記手続きが必要になり、贈与税や不動産取得税も発生します。法人株式を贈与する場合、所定の手続きは必要になりますが、登記は不要ですし、株の受渡なので不動産取得税は発生しません。無償で分配する場合は贈与税の対象になりますが、贈与税の非課税枠を活用して上手に分配するようにしましょう。

前述の例の場合、1株あたり100万円として、贈与は年間110万円までは非課税なので、年間1株ずつ贈与していけば贈与税はかかりません。ただし株価は変動しますので、毎回確認が必要です。

さらに、法人化は認知症対策にも有効です。個人が認知症を発症した後、資産を売却する場合には基本的に後見手続きが必要となり、時間・手間・費用が大きくかかります。法人化していた場合、代表者を変更することにより新たな代表者のもと、会社経営が可能になるのです。この代表者変更手続きは後見手続きに比べると手間がかからず、しかも短期間で可能です。

法人化にはメリットとデメリットがあります。特に個人がすでに持っている資産を新設法人に移す場合、コスト面で注意が必要です。慎重に検討してください（表22）。

7 事業承継――M&Aという選択肢

経営者は常に会社の将来を考えています。特に、高齢になるにつれて、自分はその会社を最終的にどうしたいのかと頭を悩ませることも多いでしょう。自分の子どもに継がせたいと考える方も多いでしょうが、その子ども自身が継ぎたくない場合や、継がせたいが、子どもの能力に不安がある場合、法人を解散させるという方向を検討せざるを得ないかもしれません。

法人を解散させる場合、当然ながら従業員は再就職先を探さなくてはなりません。また、会社を清算させる中で会社保有の資産売却などの手続きも必要になり、その場合は譲渡益に対する法人税も課税されます。さらに、最終的に残った財産を分配する際にも課税され

第4章

ます。法人は解散させるにも時間・労力・費用がかかり、従業員や取引先への配慮も必要になります。

事業承継の一つの方法として、M&Aという選択肢があります。M&Aは自分の会社をまるごと譲ることです。事業承継をしたくない息子や娘に下手に継がせるよりも、経済的基盤がしっかりしている個人や会社に売却したほうが現経営者や社員にとってもよりよい方法だと考えられ、現在では事業承継手法の選択として増加傾向にあります。

ここで、M&Aによる事業承継のメリットを4点ご紹介します。

1. 従業員の雇用が守れる

会社を解散させるわけではないので、基本的に従業員は新たな経営者のもと、そこで雇用が継続する形となります。解散した場合の最も難しい問題がこれによって解消する可能性があるのです。

2. 税率が低い

法人を売却するということは、その法人の株式を売却するということです。

前述したとおり、解散させる場合は資産清算に伴う不動産売却譲渡益に対する法人税や、残余財産の分配時の配当所得税がかかります。株式の売却の場合、この所得税率は約20％です。経営者に資金を残すという目的から考えると、この点が最大のメリットといえるでしょう。

3．手続きが解散より容易

M＆Aの手続きが非常に簡単という意味ではありません。これにもそれなりの費用・手間・時間がかかります。しかし解散の場合、法人の資産を清算しなければなりませんから、一つひとつの資産に対して清算（現金化など）を行い、最終的に残った資産を分配することになります。不動産は不動産として売却する、設備に関しても売却または処分するなど、一つずつ片付けていかなければなりません。M＆Aの場合は会社ごと売却するわけですから、それらの資産は基本的に次の会社へ引き継がれることになります。

4．相続税の納税資金対策になる

法人に相続は発生しません。ただし、法人の株式を経営者が保有していた場合、その株式は相続の対象となり、相続税が課税されます。

経営者個人の家族のことを考えた場合、M＆Aで会社を売却することにより、そこから得られる資金を納税資金対策や資産運用の元手にできます。経営者個人にはほとんど現預金は残ってないが法人自体は業績が良く、成長している場合、M&Aで会社を売却することにより個人とその家族の幸せを確保することができるかもしれません。

いずれにせよ、事業承継には経営者本人、従業員、家族などに相談し、事前に綿密な計画を立てる必要があります。早めに会社の将来を考えるようにしましょう。

8 純資産を目減りさせる間違った相続対策
——時価評価の視点も併せて考慮すべき

相続税の節税対策では、「相続税を減らしたつもりが、財産が減っている」ということがよくあります。そのような事態は絶対に避けたいものです。ここでは、事例を使って間違った対策を解説していきます。節税をしたつもりが、実は財産が減っていたという事態にならないようにしてください。

Aが相続税評価額1億円の土地を持っていたとします。簡潔にするために、時価と評価

図 36　A の家族構成

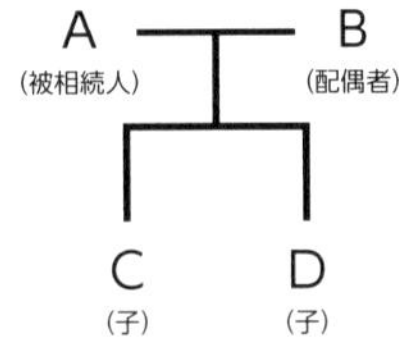

表 23　A の課税額

A の遺産	土地：1 億円
法定割合で相続	配偶者 B：1/2　子 C：1/4　子 D：1/4
基礎控除額	3,000万円＋ 600万円× 3 人＝ 4,800万円
課税遺産総額	1 億円－ 4,800万円＝ 5,200万円
配偶者B算出税額	5,200万円× 1/2 × 15%－ 50万円＝ 340万円
子 C 算出税額	5,200万円× 1/4 × 15%－ 50万円＝ 145万円
子 D 算出税額	5,200万円× 1/4 × 15%－ 50万円＝ 145万円
相続税の総額	配偶者 B：340万円＋子 C：145万円＋子 D：145万円＝ 630万円
法定相続分で相続した場合の各人の相続税額	630万円×1/2=315万円 ただし、配偶者と配偶者の税額軽減により 0 円 （子C、子D共通：630万円×1/4=157.5万円）

表24　アパート建設による負債と課税遺産総額

建物の評価	建物総事業費の40～60%＝固定資産評価額 ※建物を新築する場合、概ね固定資産評価額は建物総事業費の約40～60%となります →1億円×50%＝5,000万円⇒固定資産評価額 貸家の評価額＝固定資産評価額×（1－借家権割合×賃貸割合） →5,000万円×（1－30%×100%）＝**3,500万円**
土地の評価	貸家建付地の評価（借地権割合：50%） ＝評価額×（1－借地権割合×借家権割合×賃貸割合） ＝1億円×（1－50%×30%×100%）＝**8,500万円**
土地建物の評価額合計	建物：3,500万円＋土地：8,500万円＝**1億2,000万円**
純資産額	土地建物合計：1億2,000万円－負債：1億円＝**2,000万円**
課税遺産総額	純資産額：2,000万円－基礎控除：4,800万円 ※ここでマイナスとなるため課税なしとなる

額が同額で、Aの資産はこれだけだったとします。家族構成はAの配偶者Bと子C、子Dです（図36）。

A一家の手元に現預金はほとんどありません。このため、納税資金315万円をどうにか用意しなければなりません（表23）。そこへあるアパート業者からこんな提案が入りました。

「この土地の上に1億円でアパートを建てませんか？　建築費用は全額銀行から融資を受けられます。また、年間1000万円の家賃収入が見込めます。新築で利回り10%なんてかなり優秀な数値ですよ。相続税対策になる上、固定収入も見込めます！」

このような勧誘は、土地を持っている人にはよくある話です。この案は、果たして実際に相続・資産形成に効果的なのでしょうか？　まずは相続税の面から検証してみましょう（表24）。

アパートを建設したことにより負債が生まれ、かつ土地建物の評価額が圧縮できたために相続税が非課税となりました。ここまで見ると対策として有効であるという気がします。次に投資の面から検証してみます。

アパート業者が言っていたのは表面利回りの話です。ここで大きな問題点が2つあります。

1．表面利回りでは不十分

例えば、年間1000万円の家賃収入が見込めるが、経費が800万円かかる物件と、年間500万円の家賃収入で経費が100万円かかる物件があった場合、どちらがいい投資案件といえるでしょうか。

なお、表面利回りで用いる年間家賃収入はずっと満室だった場合のものです。空室による損失は見込んでおりません。

地域、築年数などの諸条件によって異なりますが、今回は運営費（修繕費・管理費・固定資産税・火災保険料・水道光熱費などを含む）を年間家賃収入の20％、空室損を10％とします。

年間家賃収入：1000万円－（空室損：1000万円×10％＋運営費：1000万円×20％）＝700万円《営業純利益：NOI》

2．土地の時価を投資額に含んでいない

今回アパートを建てた土地は評価額が1億円でした。ということは、アパートを建てなかったら1億円で売れた土地ということです。土地を売って1億円もらえる権利を放棄してアパートの敷地として眠らせているわけですから、その1億円も投資額に含む必要があります。

以上の2点を反映させると、実際の投資効率は……

営業純利益（NOI）：700万円 ÷（土地：1億円 ＋建物：1億円）＝ 3・5％

になります。当初説明を受けていた利回りと大きく違ってくるのです。

さらにもう一点。時価評価の純資産がどのように推移するかが重要です。

アパートの建設前は時価評価額1億円の土地があるのみで、負債はありませんでした。よって、時価評価の純資産は1億円ということになります。

アパートの建設後を見てみましょう。営業純利益（NOI）が700万円の不動産を投

資家が5%（キャップレート*4）で購入するエリアだったとします。

NOI：700万円 ÷ キャップレート：5% ＝ 物件時価評価額（土地建物）：1億4000万円

時価評価額から負債を引いたものが純資産なので、

1億4000万円 － 負債：1億円＝4000万円（時価評価の純資産）

になります。

---

*4 キャップレート――第3章5「収益率の測り方の基本」を参照。

土地だけの状態で売却したら1億円が手元に残ったはずですが、アパート建設後すぐに売却した場合でも4000万円しか残りません（簡便的に計算するため、諸経費、税金は考慮していません）。アパートを建てたことによって315万円の相続税の節税をして資産を増

図37　アパート建設後の時価評価による純資産

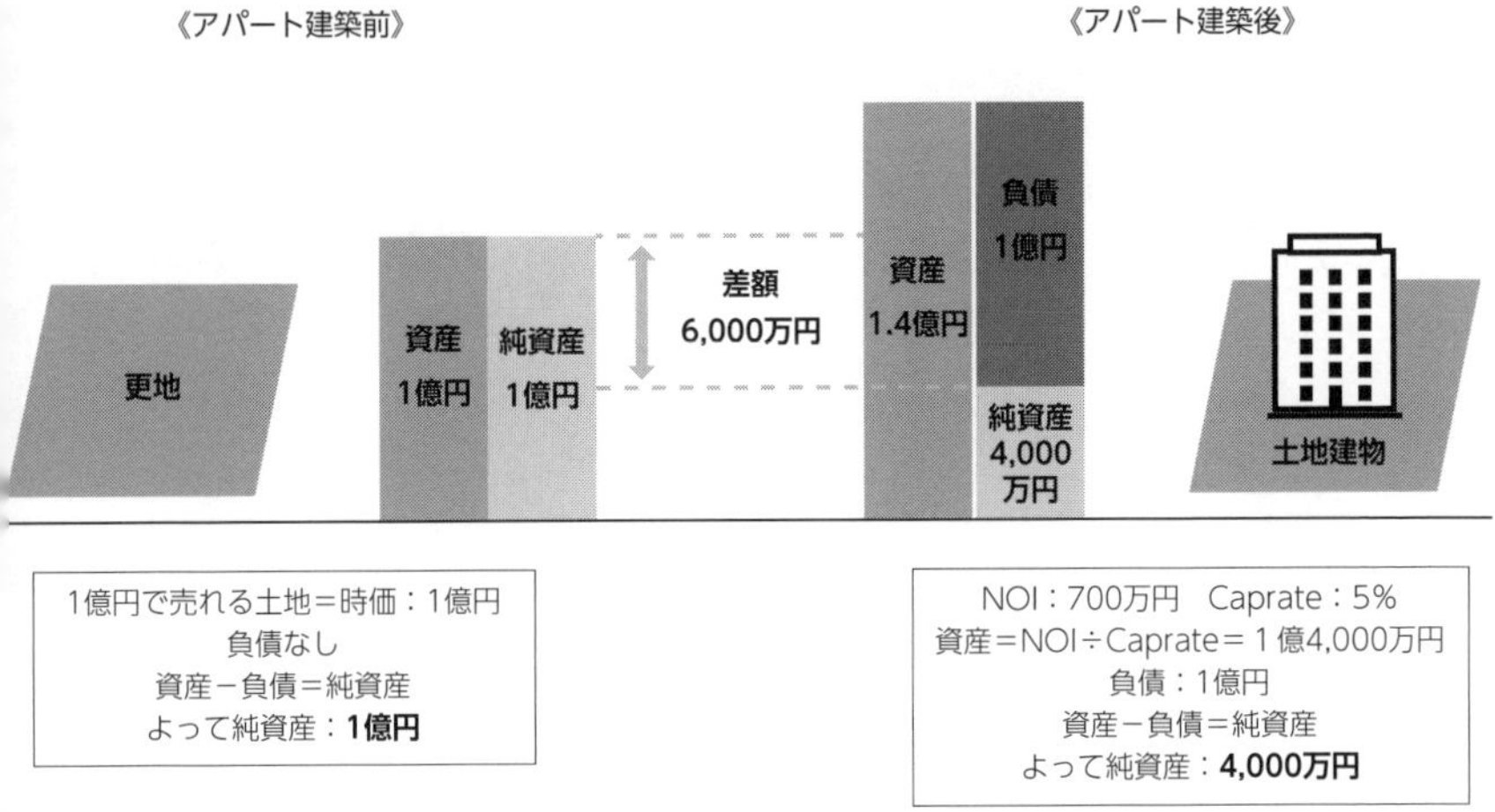

やしたつもりが、実は6000万円の損をしているのです。つまり、このアパート建築は**相続税の節税ではなく、純資産が減っているから税が減っているだけ**なのです（図37）。

　このように、相続納税資金対策という一面のみで考えるのではなく、時価評価の純資産という視線も併せて考慮しないと、結果的に損失が発生する可能性があるのです。

9 相続税支払い後の純資産を増やす――入口戦略から出口戦略まで

相続を経ても資産を増やしていきたいのであれば、**①相続税評価額を下げつつ、②時価評価の純資産を複数年で増やしていく**、という2つの観点を合わせて考えることが必要です（図38）。

では、時価評価を維持したまま、相続税を下げるために有効な対策は何でしょう。これは大きく分けて3つしかありません。

①基礎控除を増やす
②時価と相続税評価の乖離をつくる
③二次相続対策

ここまでは節税の観点から見た対策をご紹介しました。次に資産形成の観点から見た場合、複数年にわたる3つの視点が重要です。

図38　相続税評価額を下げつつ、時価評価の純資産を複数年で増やす

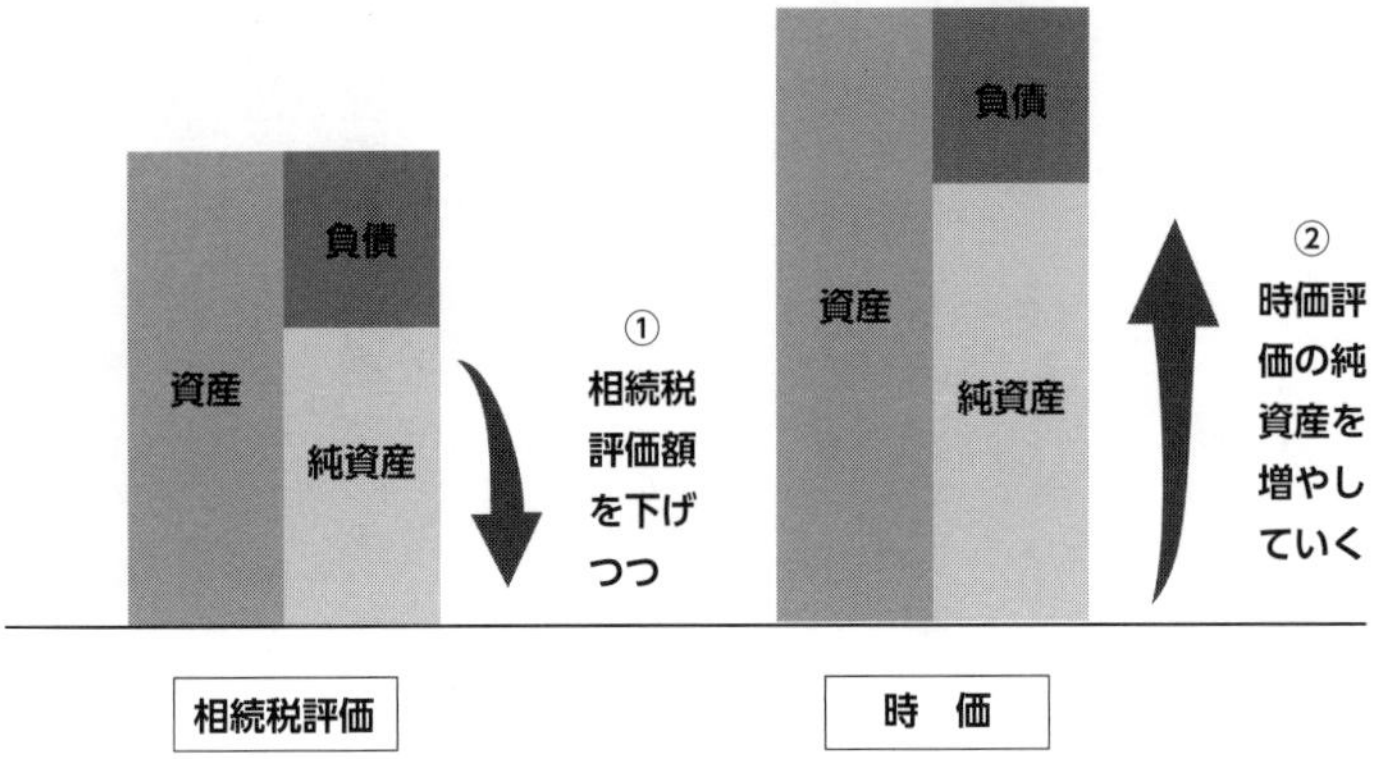

①入口戦略

入口戦略とは、どういった資本構成でどのような資産を購入するかということです。例えば、今手元にあるお金1000万円を全部使って収益不動産を購入し、NOIが100万円上がるケースと、1000万円のうち500万円を使ってNOIが80万円上がるケースとではどちらがよいでしょう。物件と融資の組み方により収益率は変わってきます。手元にあるお金をどのように増やすかというところを重点的に考えましょう。第3章⑧「資産全体の効率」から、ROAを参考にするとより検討しやすくなります。

②期中の損益戦略

期中の損益戦略は、今保有している資産の収入を上げ、損失をいかに最小限に留めるかというもので

す。例えば、収益不動産で、単純に家賃を上げたり、修繕費を絞ると空室リスクが大きくなる場合があります。全体のバランスをみた調整が必要です。

収益物件運用の中で、賃料を上げたりして戦略を変えるというのは割と当たり前の話に聞こえるかもしれませんが、一度形を変えた資産の運用方法を調整するというのは、ほかではなかなか難しい部分があります。例えば生前贈与の場合です。

親から子に100万円を贈与したとします。この100万円を増やそうと考えたとしても、子にあげた100万円ですから、増やすも減らすも子の自由です。親からしたら良かれと思って増やすための計画をしてあげたとしても、子の手元に100万円がある以上、思うようには進まない場合もあるでしょう。

また、生命保険の場合も同様です。貯蓄性のある生命保険がありますが、その収益率は保険会社の手にゆだねられ、こちらからコントロールすることはできません。仮に解約して利率の高い保険に切り替えようとしても、満期に達していなかったら解約返戻率というものにより、それまでに払い込んだ保険料全額は返って来ず、むしろ減額されて返金されます。そのため、数十年もの間、こちらから手出しすることが難しくなるのです。

不動産投資の場合、都度の見直しが可能です。ただし、最初の計画を誤り、失敗してしまったとき、リカバリーが難しい場合もあります。あらゆるリスクを想定し、余裕を持った計画を立てましょう。

③出口戦略

出口戦略は、資産運用においてはとても重要です。仮にずっと保有しておくつもりだったとしても、売却した時の価値のシミュレーションをしてください。例えば、収益不動産に1000万円の初期投資を行う場合、これが5年後にいくらになっているのか、8年後、10年後に売却し現金化したときの価値はどうなのかという見通しです。

賃料収入と売却した場合の損益を合計し、希望のリターンが達成できるかを確認してください。シミュレーションをする際には、10年以上先の将来は予測困難ですので、10年以内でシミュレーションされることをお勧めします。出口戦略を考えることは資産運用の目的と収益を最大化するために必要なプロセスです。

10 相続対策の進め方——現状把握、課題抽出、対策立案、実行

これまでさまざまな対策方法を紹介してきましたが、実際には具体的にどう進めればよいのでしょうか。

まずは何よりも**現状把握**です。現状把握をしないと計画が立てられません。現状把握をせずに対策を行った場合、後から修正が必要になり、結果的に余計な費用が発生することが多々あります。例えば、相続と言えばとりあえず遺言、という考えで遺言書を作った後に資産を組み換えた場合は、遺言の書き換えが必要になり、余計な費用と手間が発生します。「とりあえず遺産分割が心配だから遺言書を作ろう」ということではなく、現状を把握し、全体を見てから対策に取り掛かるようにしてください。

相談をされる際、ご自身を取り巻く現状がどうなっているのか分からないということはよくある話です。現状が分からないので何をすればいいのか、またどのような結果になればいいのかも分かりません。なので、まずは分かる範囲で結構ですので、今ご自身が把握されている現状について専門家にお話しください。相談するということは、何かしらの不安を抱えていらっしゃると思います。その不安についても全てお話しください。

現状が把握できたら、そこから**課題を抽出し、対策案を立案**します。そこで初めて、対策案の検討に入ります。ご注意いただきたいのは、その対策をやった場合はどうなるのか、やらなかった場合はどうなるのかを必ず比較してください。専門家の方からは「これをやりましょう！」という感じで一方的な提案がなされることがあります。その場合、専門家の得意分野の対策だから、専門家がやってみたいから、手続きを心得ているから勧めるというケースがあります。提案としては間違っていないこともあるかもしれませんが、本書の第1章や第2章でご紹介したシミュレーションさえ行っていれば、対策をやる前から結果を知ることができます。**シミュレーションで必ず確認し、全体を見て判断**しましょう。

対策は複数出てくることが考えられます。その際には、対策をした場合に得られるメリットが大きいもの、やらなかった場合に考えられる損失やリスクが大きいものを基準に**優先順位をつけ、順次または複数同時に対策を進めて**ください。対策の途中で相続が発生することも考えられます。その場合でも、「これだけは先に済ませておいてよかった！」となるために優先順位付けは必要です。

対策を実行したらそれで全て解決というわけではありません。**定期的な振り返り**が必要です。対策を実行した後も、状況は刻一刻と変化します。特に遺言、信託、認知症対策、資産運用の点では状況の変化に応じた見直しが重要になる場合があります。対策を一度実行したらそれで終わりということではなく、最大の効果を出すためにも定期的に見直すようにしましょう。

第4章のまとめ

ここまで読んでいただくとお分かりいただけると思いますが、相続対策は、バラバラで個別に考えるものではありません。あくまでも現状をしっかりと分析した上で、全体を見渡して最適な方法や結論を得るための手段として、一つひとつの対策を順次または同時に行っていきます。本章でご紹介した進め方などを参考に、ぜひご家族の皆さんが幸せになる相続対策を実践してください。

第5章

《事例紹介》
相続対策の成功事例

ここまで、相続の基礎や対策について学んでいただきました。その知識をいかに実践に取り入れるかを考える際には、具体的な事例を知り、それにご自身のプランを重ね合わせて前向きなイメージと現実感を持って相続対策を進められるようになることがいちばんです。

ここでは、相続対策に成功した事例についてご紹介します。

3つの事例から見えてくる、対策を成功に導く発想と判断

成功事例1 遺言書と生命保険の利用で円満な財産分割

家族構成は、父はすでに亡くなっており、母と子ども3人（長男、次男、長女）です（図39）。母の財産は、自宅3000万円、現金1000万円、合計4000万円です。このケースでは、相続税はかかりません。

長男家族は母と同居し、生前の父の介護も手伝っていました。そんな長男に自宅を引き継いでほしいという父の生前の願いと、介護も手伝ってくれたことに感謝する母の想いがありました。そのため、長男に自宅3000万円、残りの現金1000万円を次男と長女で500万円ずつ相続してほしいと思っています。この願いや想いを叶えることが、今回の相談者の依頼です。

何もしない場合は、合計4000万円の財産を子ども3人で分けることになり、法定相続分は約1333万円／1人となります。ま

図39　家族構成

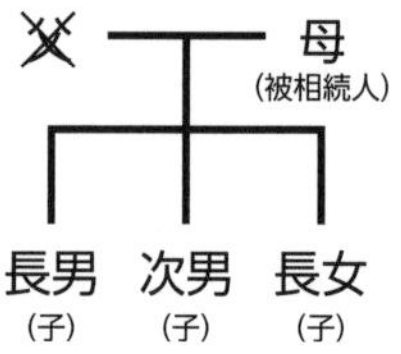

た遺留分は、約666万円／1人となります。

遺言書を作成しただけでは、次男と長女は、相続する500万円に対し、166万円少なく、2人合わせると、約333万円になります。仮に遺留分侵害額請求が来ても、長男が約333万円を用意できれば大丈夫ですが、今回は用意できそうにありません。

このため、対策として、遺言書作成と生命保険に加入することにしました。1000万円の生命保険に入れれば、1000万円は相続財産ではなくなります。そのため、3000万円の相続財産を3人で分けた1000万円が法定相続分で、500万円が遺留分になります。生命保険は長男が受け取るものとし、この状態で、遺言で3000万円の自宅を長男が相続する代わりに、長男が次男と長女に対し、500万円払うという遺言書を作れば、遺留分侵害額請求を心配する必要がなくなります。

このように、「遺産分割対策と言ったら遺言」というわけではなく、全体のバランスをとりながら遺言書を作成することで、叶えたい想いを叶え、守りたい人を守ることができます。

成功事例2

資産価値と節税効果の「現在」と「将来」を比較して判断

資産家の家系で、資産全体の現状把握をした結果、売却すべき不動産と保有すべき不動産の適切な選択ができた事例です。

父が亡くなった時に多額の相続税を支払った経験から、母と長男は10年ほど前から母の名義で相続税対策のために投資用不動産を購入していました。定期的に買い進めていたため、現在は投資用不動産10棟を所有している状況です。

その母と長男から、納税資金確保と分割対策のために、所有している投資用不動産の1つを売却したいと相談がありました。

相談をいただいた投資用不動産Aは、土地300坪・建物60坪で、某大手上場企業が一括で店舗として借りています。上場企業ということもあり、近隣相場よりも高い賃料で借りている状況ですが、最近は売上が思わしくなく、退去を検討しているようです。高い賃料で借りている上場企業が退去する前に売却したほうがいいのではないか、という相談でした。

今回のご相談に対して、次の3点からご説明しました。

・不動産Aの資産価値について
・不動産Aの節税効果について
・資産全体の分析からみる資産価値・節税効果について

1　不動産Aの資産価値について

資産価値とは今売る場合の価格です。ですので、「資産価値」=「時価」になります。不動産を貸している場合は、賃料収入などから利回りで計算を行う収益還元法で査定し、時価を求めます。また、現在の賃料収入だけでなく、将来の賃料収入を考える必要があります。

《現在》年間賃料1000万円÷利回り10%=時価1億円

次に、上場企業が退去し、地元の中小企業が店舗として契約した場合は、賃料が下落することが予測されます。

《将来》年間賃料800万円÷利回り10%=時価8000万円

上場企業退去後は、時価下落の可能性が高いことが分かりました。

2　不動産Aの節税効果について

次に、相続税評価を調べると5000万円でした。

《現在》時価1億円 − 相続税評価5000万円 ＝ 時価と相続税評価の乖離5000万円

となり、5000万円の節税効果が見込めます。

しかし退去後は、

《将来》時価8000万円 − 相続税評価5000万円 ＝ 時価と相続税評価の乖離3000万円

となってしまい、節税効果が3000万円に減ってしまいます。この点については課題があり、資産組み換えを検討する余地があります。

表25　時価と相続税評価、時価と相続税評価の乖離の「現在」と「将来」

		不動産A	不動産B
現在	時価	1億円	6,000万円
	相続税評価	5,000万円	4,000万円
	時価と相続税評価の乖離	**5,000万円**	**2,000万円**
将来	時価	8,000万円	3,000万円
	相続税評価	5,000万円	4,000万円
	時価と相続税評価の乖離	**3,000万円**	**△1,000万円**

3　資産全体の現状把握からみる資産価値・節税効果について

相続対策については、資産全体から判断する必要があります。所有する不動産全ての情報を確認したところ、不動産Aよりも優先して売却したほうがいい投資用不動産Bがありました。こちらも上場企業が借りている店舗ですが、過疎化が進んでいる郊外にあります。現在の賃料は高いのですが、退去した場合には賃料収入の大幅な下落が予測される立地でした。

不動産Bも、Aと同じように査定を行い、それぞれの比較を表25にまとめました。

表のとおり、不動産Bのほうが時価と相続税評価の乖離が小さく、節税効果が少ないこと、また、将来の資産価値（時価）も低くなっていることが分かります。

最終的には不動産Bを売却することとなりました。

以上は、資産全体の現状把握をした結果、売却すべき不動産の選択を間違わずに成功した事例でした。

成功事例3 現状把握後の不動産組み換えの考え方

相談者（父）は不動産に関して、妻（母）には自宅とアパートA（2棟）、長男にはアパートBとアパートCおよび畑3カ所、長女と次女には駐車場を2カ所ずつ相続させたいと考えていらっしゃいました（表26）。

相談内容は、実際にこのような配分で相続させた場合にどれくらいの相続税がかかるのか、それと、長男はサラリーマンで、畑を耕作している暇はないと言うし、長女と次女は不動産は面倒なのでお金で相続したいと言っているが、どうするのが一番いいのか？ という内容でした。

そこで、まずは現状を把握し、相続税の算出と不動産の時価の算出を行いました。出てきた結果を比べたところ、現状での相続税評価額よりも時価総額のほうが低いということが分かりました（表27参照、金額は概算額で表示）。

どういうことかといいますと、路線価や地型、広さなどに基づいて計算された不動産の

表 26　家族構成と所有する不動産

不動産の一覧

種　　類	土　地	建　　物
自宅	350m^2	1 棟
アパート A（2 棟）	550m^2	6 戸×1 棟　4 戸×1 棟
アパート B	350m^2	6 戸×1 棟
アパート C	300m^2	6 戸×1 棟
市街化農地　自用畑 A	990m^2	
市街化農地　自用畑 B	600m^2	
市街化農地　家庭菜園用貸地	690m^2	
月極駐車場 A	300m^2	
月極駐車場 B	270m^2	
月極駐車場 C	250m^2	
月極駐車場 D	200m^2	

親族関係図

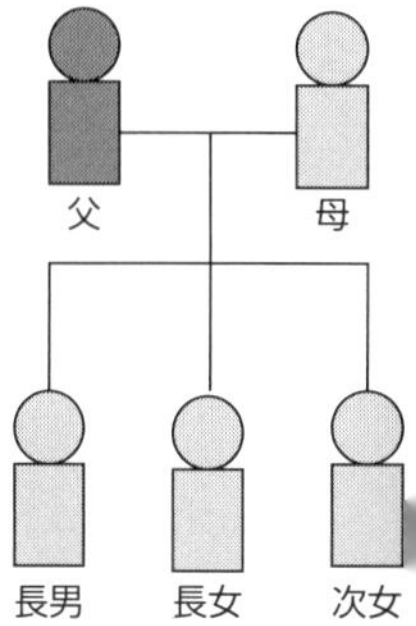

表 27　相続税評価額の算出と不動産の時価の算出

不動産の一覧

種　　類	相続税評価額	時　　価
自宅	11,200	30,000
アパート A（2 棟）	57,670	64,000
アパート B	41,580	42,000
アパート C	37,780	45,000
市街化農地　自用畑 A	99,000	80,000
市街化農地　自用畑 B	66,000	57,000
市街化農地　家庭菜園用貸地	69,000	55,000
月極駐車場 A	39,000	35,000
月極駐車場 B	35,100	35,000
月極駐車場 C	31,250	30,000
月極駐車場 D	27,000	26,000
合計	514,580	499,000

数字は概算額です　　単位（千円）

相続税評価額よりも、今売れるとしたらこのくらいであろうという、時価のほうが安くなっている不動産が存在したのです。

実際のところ、市街化区域内の農地や月極駐車場として貸している土地が、駅からの徒歩圏とはいえない立地にありました。そのうえ、一般の個人が買えるような広さではなく、かといってマンション適地ともいえず、戸建分譲用地としての活用になってしまうような土地であったため、分譲するには開発道路の整備などの経費が掛かります。このせいで、分譲業者による買取金額が低くなってしまっていたのです。周辺では売出し中の建売戸建住宅が多く見受けられ、価格が競合してほとんどの物件が値下げ傾向にあるというのも時価を押し下げる要因になっていました。

税理士による相続税額の試算結果を見ると、手持ちの現金や保険金などだけでは納税資金も十分ではなく、現在の資産保有状況を継続するならば、相続発生時に一部の不動産の売却が必要になることも判明しました。

資産を価値としてとらえるなら、それは現在の時価の価値を考えることが大切です。郊外の土地などについて、広さやご先祖から引き継いだことにこだわっていると、資産としての価値（時価）は減少していくことにもなりかねません。不動産をそのままの状態で保有し続けることがいいのかどうか、所有者の考えだけでなく、相続する人の考えも判断材料に加えて検討することも時には必要になります。

今回の事例の場合、相続が発生した際には現状の不動産をそのまま残すことが不可能なこと（ただし一部を売却する必要が生じる）が判明しました。また、相続発生時に納税期限に間に合うように不動産を売ろうとすると、足元を見られた金額で売買することになるかもしれず、相続の際には資産がさらに減ってしまうこと、そして二次相続の際には配偶者の税額軽減が使えないため、さらなる相続税の負担も発生することが想定されました。相続の度に資産が減ってしまうことを説明し、今から対策を講じることの必要性を相談者に納得していただき、次は家族の皆さんを集め、現状分析報告と対策案の提示をさせていただくこととしました。

後日ご家族の皆様が集まった際、現状分析の内容と相談者（父）の想いを説明しながら、事前に聞いていた相続人になる方たちの気持ちも考慮して改善案を3つ提案させていただきました。

一つ目は、事前に自宅以外の不動産を売却処分することで現金化します。当初の相続税評価額より低いとされた時価相当に相続財産が下がりますが（実際には譲渡所得税等の税負担分だけさらに資産が減ります）、子どもたちの思いどおりに不動産を相続せずに済むという案。

二つ目は、現状ある程度収益の安定しているアパートは売らず、相続税評価額よりも時価のほうが低い土地をすべて売却して、現金で都心の立地条件のいい区分マンション10室くらいに資産を組み換える案。

三つ目は、二つ目の案による資産の組み換えでの区分マンション購入に際し、一部の「融資」を物件価格の30％ほど利用して購入する案。

一つ目の案は、ほとんどが現金資産になるため、評価減による納税額軽減の恩恵は自宅以外には受けられず、収益物件もなくなって資産が減っていくことになります。

二つ目の案は、子どもたちが不動産という形で相続する必要がありますが、土地で所有していた場合より区分マンションで所有したほうが相続税評価額を約5分の1に下げる効果があり、納税額も大きく減らすことができます。相続のあとで区分マンションを売却すれば、購入時と大きく変わらない金額を改めて得ることができますが、当初の土地を売却した際の譲渡所得税などの支出によって時価総額は現状より目減りします。ただし、毎年の不動産所得は区分マンションの賃料収入のほうが駐車場収入よりも多く得られることとなります。

三つ目の案は、区分マンション購入時に融資も利用するので、土地の売却による譲渡所得税や諸費用などで資産を減らした分の時価総額を補うことができ、時価総額を減らさず

表28　所有する不動産の組み換え前と組み換え後

不動産の組み換え前		不動産の組み換え後（推定）	
相続税評価額合計	時価合計	相続税評価額合計	時価合計
514,580	499,000	210,000	501,000

数字は概算額です。単位は千円。金額には現預金等の金融商品は含めていません。

に相続税を納税できることになります。

これらを説明した結果、家族の合意で三つ目の案を採用することになりました。アパートは売らずにそのまま残し、月極駐車場の4カ所は全て売却してワンルームの区分マンションを4戸購入します（得られる営業純利益は駐車場よりも多くなります）。家庭菜園として貸している農地は、契約解除後に売却してマンション2室を購入し、農地2カ所については近く売却し、マンション4室を購入していくという段取りを取ることになりました（農地として利用しているよりもマンションの賃料収入のほうがはるかに高い収益になります）。

将来の相続税納税額を手持ちの現預金で十分に支払える額に減額できながら、時価総額を下げない対策を採用していただくことになったという事例です。

ちなみに全部の資産組み換えが終わった場合は、表28のようになります。

おわりに

最後までお読みいただきありがとうございました。

いかがでしたでしょうか。

相続の基本的な知識や考え方から、事例を交えての対策までを、できるだけ分かりやすく詳細にお伝えしました。対策方法や事例を基にした具体的な行動を、ご自分で考えてできるかな？　と不安になった方も多いかと思います。

しかし、安心してください。

このような相続対策は、読者の皆さんがご自身だけで考えて行うものではなく、これらの対策を実現するガイド役となるプロフェッショナルと一緒に進めるものです。プロが進める際にも、一つの業種ですべてを担当するのではなく、さまざまな相続対策ができるプロフェッショナルによるチームで行います。皆さんそれぞれ、財産の内容や抱える問題はさまざまです。それにより、最適なチーム構成は異なりますが、今回本書を執筆した相続対策コンサルタントのメンバーのように、お客様の現状を正しく分析できる人間でしたら、安心してお任せできるでしょう。

商品やサービスのセールスではなく、第三者の立場で考え、あなたの相続対策を理想に導いてくれる相続対策のプロフェッショナルチームを選ぶ際に、本書をぜひ参考にしてください。

相続対策を一緒に行うプロを選ぶということは、自分の選択肢や判断軸を決めるということです。プロからこの対策がいいと言われたら、真に受けてしまうことも多いでしょう。しかし、商品やサービスのセールスを真に受けるのではなく、現状を分析し、課題に合った対策をすることで、結果が大きく変わることが本書でも確認できたのではないでしょうか。

このような顧客本位の提案をしてくれる相続対策のコンサルタントをぜひ探してください。

執筆陣が読者の皆さんの相続対策が成功することを願って一心に注力したため、本書の制作にはかなりの時間を要しましたが、そのぶん充実した内容になりました。

本書があなたの叶えたい想いや理想に少しでも近づくための指南書になることを願い、筆をおきます。

最後に、長丁場となった本書の執筆作業をサポートしてくださった、合同フォレストの前代表・山中洋二さん、編集担当を担当してくださった合同フォレストの山崎絵里子さん、編集協力の吉田孝之さんにお礼を申し上げます。ありがとうございました。

令和5年3月

監修　豊田剛士

田口誠一郎（たぐち・せいいちろう）

株式会社テラスバ 代表取締役

一般社団法人 大分・別府相続相談センター代表理事
ＩＣＡ公認相続対策コンサルタント、上級相続支援コンサルタント、ＣＰＭ（公認不動産経営管理士）、ＣＣＩＭ（公認不動産投資顧問）
不動産コンサルティングマスター、賃貸経営管理士

株式会社テラスバ

所在地 大分市中島西1-7-14
H P https://terasuba.com/
T E L 097-574-6890
F A X 097-574-6891
E-Mail info@terasuba.com

大分県全域にて賃貸経営コンサルティング・相続コンサルティング・任意売却コンサルティングを積極的に展開。賃貸経営コンサルの一環で別府市にて民泊を20カ所運営。

野田大地（のだ・だいち）

株式会社生活情報ネット 取締役営業部長

ICA公認相続対策コンサルタント、相続アドバイザー協議会認定会員、CPM（公認不動産経営管理士）、CCIM（公認不動産投資顧問）、宅地建物取引士、賃貸不動産経営管理士、任意売却取扱主任者、JSHI公認 ホームインスペクター（住宅診断士）

株式会社生活情報ネット

所在地 熊本県合志市幾久富1758-110
H P http://sj-net.co.jp/
T E L 096-273-7107
F A X 096-273-7109
E-Mail info@sj-net.co.jp

熊本市、合志市、菊池郡菊陽町、菊池郡大津町を中心に、不動産売買・管理・資産運用・相続コンサルティング・任意売却を中心に事業展開している。

谷口直弥（たにぐち・なおや）

有限会社進栄商事 代表取締役

ICA公認相続対策コンサルタント、相続アドバイザー協議会認定会員、CPM（公認不動産経営管理士）、CCIM（公認不動産投資顧問）、宅地建物取引士、賃貸不動産経営管理士、管理業務主任者、マンション管理士

有限会社進栄商事

所在地 熊本県八代市松江本町2-53　進栄ビル１階

H P https://www.shinei-shouji.com/

熊本県内全域にて不動産売買、資産運用、賃貸経営コンサルティング、相続コンサルティングを中心に活動。

森本康文（もりもと・やすふみ）

株式会社アイスマイル企画 代表取締役
一般社団法人熊本県相続相談協会 代表理事

ICA公認相続対策コンサルタント、CPM（公認不動産経営管理士）、CCIM（公認不動産投資顧問）、宅地建物取引士、２級ファイナンシャル・プランニング技能士、一級土木施工管理技士

一般社団法人熊本県相続相談協会

所在地 熊本市中央区出水6-5-1

《くまもと相続相談センター》

H P https://www.souzokukumamoto.com/

《くまもと不動産相続センター》

H P https://souzoku-fudosan.com/

株式会社アイスマイル企画

所在地 熊本市中央区出水6-5-1-2Ｆ

H P https://ismile-kikaku.net/

熊本市で『相続専門家による個別無料相談会』を毎週開催中。年間300件を超える相談を受け、相続問題の解決に向け取り組んでいる。「資産を増やして次世代へつなげる」を理念に、相続を見据えた資産の構築を顧客と共に実現していく。

井上泰寿（いのうえ・やすひさ）

有限会社ウエル総合企画 代表取締役

ICA公認相続対策コンサルタント、相続アドバイザー協議会認定会員、CPM（公認不動産経営管理士）、CCIM（公認不動産投資顧問）、公認不動産コンサルティングマスター 相続対策専門士 宅地建物取引士

有限会社ウエル総合企画

所在地 福岡県糟屋郡篠栗町尾仲585-1

H P https://www.well-kikaku.co.jp/

T E L 0120-734-234

「選ばれる為に ベストを尽くす!!」をスローガンに、農家の相続対策を中心に活動。また、自身が受けた3度の遺産相続、2度の税務調査による多額の加算税・債務整理・納税対策の経験から、相続の悩み相談の無料窓口「相続本舗」を開設。幅広い知識と人脈で顧客の問題解決に取り組む。

橋本大輔（はしもと・だいすけ）

株式会社にわとり不動産 代表取締役

ＩＣＡ公認相続対策コンサルタント、相続アドバイザー協議会認定会員、ＣＰＭ（公認不動産経営管理士）、ＣＣＩＭ（公認不動産投資顧問）、不動産コンサルティングマスター、宅地建物取引士、賃貸経営管理士

株式会社にわとり不動産

所在地 静岡県浜松市東区原島町167-2

H P http://www.niwatori-f.com/

地主、経営者、中小企業の不動産を中心としたコンサルティング、賃貸経営管理を行う。

加瀬義明（かせ・よしあき）

株式会社湘南財産パートナーズ 代表取締役

NPO法人湘南不動産コンサルティング協会 理事長
一般社団法人IREM JAPAN 理事
NPO法人神奈川空家管理組合 理事
公益社団法人神奈川県宅地建物取引業協会
公益財団法人日本賃貸住宅管理協会

CPM（公認不動産経営管理士）、CCIM（公認不動産投資顧問）、CFP（ファイナンシャル・プランナー）、1級ファイナンシャル・プランニング技能士、公認不動産コンサルティングマスター、相続対策専門士、相続アドバイザー協議会認定相続アドバイザー（上級）、相続対策コンサルタント、宅地建物取引士、マンション管理士、賃貸不動産経営管理士、家族信託コーディネーター、既存住宅アドバイザー、2級建築施工管理技士。

株式会社湘南財産パートナーズ

所在地　神奈川県藤沢市鵠沼石上2-5-1-3階
H P　https://www.shonanzaisan.net/
T E L　0466-90-3891

神奈川と東京を中心に、不動産の売買・賃貸・管理のみならず不動産と相続の「心配」「困った」「わからない」を解決するためのコンサルタントとして、また「相続で資産を減らさないようにする相続対策」を提案ならびに実行支援する業務を行う。

植崎紳矢（うえさき・しんや）

アクセス税理士・不動産鑑定士事務所 代表

一般社団法人IREM JAPAN 理事
一般社団法人CCIM JAPAN 理事
公認会計士、税理士、不動産鑑定士、行政書士、CFP（ファイナンシャル・プランナー）、1級ファイナンシャル・プランニング技能士、CPM（公認不動産経営管理士）、CCIM（公認不動産投資顧問）

アクセス税理士・不動産鑑定士事務所

所在地　東京都中野区上高田1-31-6　東洋ビル7階
H P　https://accessadvisors.tokyo/
T E L　03-5358-9828

不動産、相続に関する税務、不動産を中心とした資産運用に関するコンサルティングサービスを提供する。

井上洋和（いのうえ・ひろかず）

株式会社大分かぼす不動産　代表取締役

ＩＣＡ公認相続対策コンサルタント、ＣＰＭ（公認不動産経営管理士）、ＣＣＩＭ（公認不動産投資顧問）、2級ファイナンシャル・プランニング技能士、宅地建物取引士、賃貸不動産経営管理士、測量士補

株式会社大分かぼす不動産

所在地　大分市上田町2-1-66

ＨＰ　https://oitakabosufudousan.com

ＴＥＬ　097-529-6660

ＦＡＸ　097-529-6670

E-Mail　info@oitakabosufudousan.com

大分の地元の総合不動産業者として、大分市を中心に、不動産の売買・管理・賃貸などの各種不動産事業を展開。不動産オーナーの相続や資産活用、収益改善などの相談にも対応する。

弓崎大樹（ゆみざき・ひろき）

株式会社大分かぼす不動産

ＩＣＡ公認相続対策コンサルタント、ＣＰＭ（公認不動産経営管理士）、ＣＣＩＭ（公認不動産投資顧問）、宅地建物取引士、賃貸不動産経営管理士

岡本大成（おかもと・たいせい）

株式会社 美創オカモト 取締役不動産部部長

相続アドバイザー協議会認定会員、CPM（公認不動産経営管理士）、CCIM（公認不動産投資顧問）、宅地建物取引士、任意売却取扱主任者

株式会社 美創オカモト

所在地 熊本県八代市八幡町7-17
H P https:// bisou-okamoto.co.jp
T E L 0965-32-5008
F A X 0965-32-5191
E-Mail info@bisou-okamoto.co.jp

八代市、熊本市を中心に不動産売買、資産運用、賃貸経営コンサルティング、相続コンサルティング・任意売却を中心に事業展開している。

南　浩己（みなみ・ひろき）

株式会社ワイズプランニング AM事業部部長

ＣＰＭ（公認不動産経営管理士）、宅地建物取引士

株式会社ワイズプランニング

所在地 福岡市南区大楠2-5-2
H P https://www.ys-plan.co.jp
T E L 092-532-1123
F A X 092-532-1125
E-Mail minami@ys-plan.co.jp

九州経済の中心である福岡において、不動産コンサルティング、相続対策を中心として業務を行う。CPM（公認不動産経営管理士）資格取得者5名とCCIM（認定商業不動産投資顧問資格）資格取得者2名が在籍しており、真の顧客満足を達成させるべく業務を行う。弊社は不動産コンサルティングとして、不動産に関する専門家としての知識や経験を生かし、公平かつ客観的な立場から、相続、不動産の有効活用、売却、購入等について、依頼者の最善の選択や意思決定が行えるよう提言。相続に関する土地の有効活用としては、共同住宅にない高稼働率を誇る戸建賃貸の「エクリュ」を主力商品としている。不動産や相続に関わることについては、ワンストップにてサービスできる体制を整えている。

監修者紹介

豊田剛士
（とよた・つよし）

相続対策コンサルタント協会 代表
ベストプラン株式会社 代表取締役

顧客本位の相続対策のコンサルティングを数多く実践し、自らが得た知識、スキル、ノウハウを体系化し、相続対策コンサルタント養成講座を主催。後進の育成にも尽力する。

《相続対策コンサルタント養成講座》

HP https://souzokuconsul.net/

実践的な相続コンサルのスキルやノウハウが
無料で学べるオンラインスクール

HP https://souzokuconsul.jp/mailmagazinec/

編集協力　吉田孝之
組　　版　GALLAP
装　　幀　ごぼうデザイン事務所
図　　版　プロ・アート
校　　正　菊池朋子

不動産オーナーのための
成功する不動産相続の全技術

2023 年 3 月 30 日　第 1 刷発行

監修者　豊田剛士
著　者　12 人の相続対策コンサルタント
田口誠一郎　野田大地　谷口直弥　森本康文
井上泰寿　橋本大輔　加瀬義明　植崎紳矢
井上洋和　弓崎大樹　岡本大成　南　浩己
発行者　松本　威
発　行　合同フォレスト株式会社
郵便番号 184 - 0001
東京都小金井市関野町 1 - 6 - 10
電話 042（401）2939　FAX 042（401）2931
振替 00170 - 4 - 324578
ホームページ　https://www.godo-forest.co.jp
発　売　合同出版株式会社
郵便番号 184 - 0001
東京都小金井市関野町 1 - 6 - 10
電話 042（401）2930　FAX 042（401）2931
印刷・製本　株式会社シナノ

ISBN 978-4-7726-6226-0　NDC 336　188 × 130

合同フォレスト
ホームページ

合同フォレストSNS
facebook　Instagram　Twitter　YouTube